梦山书系

核心素养
与课堂教学

HEXIN SUYANG YU KETANG JIAOXUE

林高明◎著

图书在版编目（CIP）数据

核心素养与课堂教学 / 林高明著. —福州：福建教育出版社，2018.6（2022.11 重印）
ISBN 978-7-5334-8129-2

Ⅰ. ①核… Ⅱ. ①林… Ⅲ. ①课堂教学－教学研究 Ⅳ. ①G424.21

中国版本图书馆 CIP 数据核字（2018）第 091115 号

Hexin Suyang yu Ketang Jiaoxue
核心素养与课堂教学
林高明　著

出版发行	福建教育出版社
	（福州市梦山路 27 号　邮编：350025　网址：www.fep.com.cn）
	编辑部电话：0591-83726908
	发行部电话：0591-83721876　87115073　010-62024258）
出 版 人	江金辉
印　　刷	福州万达印刷有限公司
	（福州市闽侯县荆溪镇徐家村 166-1 号厂房第三层　邮编：350101）
开　　本	710 毫米×1000 毫米　1/16
印　　张	9.5
字　　数	145 千字
插　　页	2
版　　次	2018 年 6 月第 1 版　2022 年 11 月第 5 次印刷
书　　号	ISBN 978-7-5334-8129-2
定　　价	25.00 元

如发现本书印装质量问题，请向本社出版科（电话：0591-83726019）调换。

目　录

第一章　核心素养的意蕴

第一节　核心素养的意义 …………………………………… 1

第二节　核心素养的内涵 …………………………………… 6

第二章　核心素养的特征

第一节　根本性 ……………………………………………… 44

第二节　生长性 ……………………………………………… 46

第三节　贯通性 ……………………………………………… 48

第四节　综合性 ……………………………………………… 51

第五节　弥漫性 ……………………………………………… 53

第三章　核心素养生长的奥秘

第一节　核心素养的生长是"慢功细活"的过程：渐积性 ……… 60

第二节　核心素养的生长是"闳中肆外"的过程：内生性 ……… 64

第三节　核心素养的生长是"和合共生"的过程：综合性 ……… 67

第四节　核心素养的生长是"交往活动"的过程：活动性 ……… 71

第四章　核心素养养成的课堂教学策略

第一节　深度化学习：为核心素养立魂 …………………… 75

第二节　批判性学习：为核心素养立本 …………………… 84

第三节　联系性学习：为核心素养立脉 …………………… 92

第四节　自主性学习：为核心素养立骨 …………………… 100

第五节　探究性学习：为核心素养立基 …………………… 111

第六节　共同体学习：为核心素养立心 …………………… 121

第七节　体验性学习：为核心素养立根 …………………… 131

第八节　活动化学习：为核心素养立脑 …………………… 139

第一章 核心素养的意蕴

第一节 核心素养的意义

核心素养指的是生命个体在学习与生活的过程中不断培植起来的，能促进个体身心持续和谐发展的，知、情、意、行等融会贯通而成的精神元素与成长基因。林崇德教授主编的《21世纪学生发展核心素养研究》一书分析并总结了各理论的研究成果，对核心素养作了如下界定：核心素养是学生在接受相应学段的教育过程中，逐步形成的适应个人终身发展和社会发展需要的必备品格与关键能力。它是关于学生知识、技能、情感、态度、价值观等多方面要求的结合体；它指向过程，关注学生在其培养过程中的体悟，而非结果导向；同时，核心素养兼具稳定性与开放性、发展性，是一个伴随终身、可持续发展、与时俱进的动态优化过程，是个体能够适应未来社会、促进终身学习、实现全面发展的基本保障。教育教学为什么要强调对核心素养的培养呢？在我看来，倡导核心素养的培植，其意义深远而重大。

一、核心素养是教育本质的回归

教育的本质是什么？教育应该给生命带来什么？教育应该给社会带来什么？……数千年来，无数的人在探索这些问题。由此，留下了无数的答案与实践——或光怪陆离或发人深省。反思教育教学的现状，教育蜕变成一成不变的知识的搬运，异化为"锱铢必较"的应试训练，沦陷为无情无趣的死记硬背，沦落为分秒必争的机械劳作……驳杂的概念和目的如迷雾笼罩在教育的上空。被重重尘埃围困的教育渐渐迷失了真面目，本真的迷失，源头的迷失。教育若不反躬自省，若不知迷而返，那么将走向穷途末路，走向歧途。

纷纭复杂多歧义，九九归一，返源之本，教育即人，教育即生命。面对重重积弊，核心素养教育的提出是一种反拨与疗治，是一种正本清源。教育教学向培养人、培养人的核心素养回归，是教育及学校的"人间正道"，舍此，都是歪门邪道、旁门左道。曾经有教师询问美国年度教师雷夫："你既教语文，又教历史，还教戏剧，你究竟教什么？"雷夫老师回答："我不是教课的，我是教人的。"同样的，曾经有教师询问北京十一学校的李希贵校长："你们学校教师是怎么教的？"李希贵校长毫不迟疑地回答："我们学校的老师不是教课的，我们是教人的。"

教育向人的本质回归，向核心素养回归，是众多有识之士、有心之士坚执质询教育本源意义、探究教育实践中获致的理路与归旨。核心素养教育是知识本位、应试本位的漩涡中的"生命图标"，它旗帜鲜明地将生命的感受、生命的幸福、生命的品质、生命的成长置于核心位置，可望成为教育教学生活中新的"诺亚方舟"。

二、核心素养是生命成长的奠基

任是再恶劣的教育生态，在对于教育本质的探寻过程中，也有不少的教育家及教师以"成全生命"为教育的使命。中国人民大学黄克剑教授说了这么一段意味深长的话："知识若没有智慧烛照其中，即使再多，也只是外在的牵累；智慧若没有生命隐帅其间，那或可动人的智慧也不过是飘忽不定的鬼火萤照。"也就是说，学习与教育的目的就在于点化与润泽生命，而生命的成长也是以心去涵育、契应着知识、智慧等要素。

离开生命的成长为主旨而进行的"教育"，是对生命的折损与戕害，是对心灵的压榨与毒害，是对精神的漠视与扼杀。教育及学校当然要看质量，当然要看成绩与升学，但，当下不少的教育教学急功近利、目光短浅，唯分数是举、唯升学是争，学生的整个学习生活只剩下赤裸裸的"做题与考试"。课堂教学只是学生智力生活的一瓣花瓣，而智力生活也只是个体生命成长的一片花瓣，却有许多学校将智力生活当作生命成长的全部，把课堂教学当作智力生活的全部，甚至把做题与得分当做课堂教学的全部——生命的绽放被忽略不计，教育的意蕴不断衰减、萎缩。

那么，在个体生命的成长过程中哪些要素是重要的，哪些要素是生命的核心，这些要素之间有着怎样的相互促成相互推进……应该说目前很少有人去系统探讨这些问题。核心素养教育为生命成长提供心灵的地图与精神的密码。《中国学生发展核心素养》以培养"全面发展的人"为核心，从三个方面（文化基础、自主发展、社会参与），确立了六大核心素养（人文底蕴、科学精神、学会学习、健康生活、责任担当、实践创新）。这些核心素养的提出就是对个体生命成长的解码，而核心素养的教育便是"直面生命，通过生命，促进生命，提升生命"的教育。

【案例】《拿得起，放得下》（张大春）

请容我举一个五十多年前的例子。在上幼稚园大班的那年，父亲为我找来了当时小一的国语课本，回想当时，他老人家不免有让我抢占先机的私意。父子俩翻开书，发现第一课的课文只有两句："拿起铅笔来，放下铅笔。"我父亲当时就说："这是什么玩意儿？"遂只好带些失望之情地说："咱爷儿俩今天就说一个'拿得起，放得下'吧！"有些细节，如今思之，印象也模糊了。只记得"爷儿俩"抢着桌上所有能拿得起的东西，其中有铅笔，也有橘子、花生米以及形形色色的零食。

我常忘了多年来背过的一大堆古文，篇名有印象的还真不少：《祭妹文》《泷冈阡表》《鸣机夜课图》《先母邹儒人灵表》……印象中古人就是一个又一个不断地死去。其中最令我有感于心、不能或忘的，还是最早的那一回，那些拿起来、放下去的零食和水果——"拿起桃酥来，放下桃酥；拿起……"到头来都进了我的肚子，父亲什么也没吃，他拿起来，放下都给了我。其间，还教我算算术，吃了多少样东西、又剩下多少样东西，拿起了几个、又放下了几个。那是一堂什么课呢？国语课？算术课？还是伦理课？对我而言：拿得起、放得下却成为一生不移的铭言。

知识、方法或相关的技能可能随着时间的推移不断地淡忘，或觉得之前学过的一些知识、方法或技能太简单了。然而，不断地积蓄与积淀下来的一些"思想理念""价值观念""生命意义"等则化为生活及生命的本身，即所谓的"道成肉身"。

三、核心素养是朝向未来的生长

教育是为未来的时代培养新人。它注定具有令人期冀的"明天性"——带着羽毛般的闪亮的希望。美国著名的教育家杜威先生说，教育即生长。这种不断生长就是向上、向善的力量。核心素养教育则是顺应并发扬了教育的"种子般的特性"，从根核加以灌溉与培植，具有"不可遏制"的生长性，它朝着未来的方向不断生长。

走向核心素养的教育是世界各国教育的大势所趋。联合国教科文组织、欧洲联盟、经合组织等以高瞻远瞩的视野来眺望与应对未来的时代与社会，在不断的研究过程中提出并倡导"核心素养的教育"。在稍纵即逝、一日千变的信息化时代，教育教学中如果仅仅固执一端，只是亦步亦趋地执守原先提出的"知识、能力、态度"，则是远远不够的。因为，在现实的教育教学生活中，不少教师往往会将知识、能力、态度等割裂开来、分而治之，结果造成学生的分裂式学习，无法建构一种完整的生命形态。如此一来，只能"生产"出平面的、肤浅的、贫乏的、缺乏趣味与创造力的人，难以诞生立体、丰富、和谐自由发展的生命。"核心素养"一词将人的成长的关键能力与必备品格合而为一，涵盖了知识、能力、态度等等要素。核心素养的教育以整体的理念与思想引导每一个生命个体不断学习、修炼，不断走向完整、完美、完满的自我。

未来时代怎么发展，未来所期许的新新人类是怎样的？一定是具有丰富的人性、富有创造力、富有生命力的人。学校教育及课堂教学不能囿于一格、守于一隅，就一课教一课、就知识教知识，而是要让孩子们仰望心灵的天空，让他们所有的脚踏实地都有一个高远的理想与远方，而这就必须从"核心素养"来培育。

【案例】阿莫纳什维利在《孩子们，你们好!》一书中描述了这样一个场景。

在第一堂数学课上，教师通常都会向孩子们说，他们开始学习计算了，要学习加法和减法、乘法和除法。他们认为，这样解释数学这门课程，是儿童容易理解的。给孩子们说：从5只苹果中拿去了3只，还剩下几只；或者有3只核桃，再添上6只，共有多少只……这对儿童来说，确实是很容易理解的。但是，我们要知道，加法和减法、乘法和除法，这不是数学的本质所在。

就算我将会导致教学法上的疏漏，我仍然要走我自己的路……

我走向黑板，拉开了黑板上的帷幕。在黑板上用彩色粉笔写着：牛顿公式、导数函数公式，画着带有函数图像的笛卡尔坐标系。

萨沙："这是什么？多么奇怪的字母！"

孩子们都睁大眼睛盯着黑板。为了能看得清楚些，很多孩子都从座位上站立了起来。

"这才是真正的数学，关于数的相关和空间形式的科学！"

"多美啊！"列拉感叹地说，目不转睛地盯着黑板。

"因为数学本身是美的。科学家们说——数学是科学的女王！"

这样地解释数学，儿童们能懂吗？

不用说，我的孩子们还不完全懂得我所讲的和指给他们看的很多东西。但是，正因为不全懂，所以才能引起他们的好奇心，给他们留下极其深刻的印象！"你们喜欢数学吗？""喜欢！"响起了齐声的欣喜声。埃卡："你教我们这个（指着公式）吗？""我来教给你们准备去学会这些公式的练习，你们乐意吗？"又是一阵齐声的欣喜声："乐意！"……

我们的教育教学中总是存在着一种这样的倾向：小心翼翼地恪守着所谓的可接受性原则，在许多教师的眼里，学生们只能笨拙地爬行，如果认为学生们可以自由飞翔，那是天方夜谭。然而，潜心思索，阿莫纳什维利的第一节数学课告诉我们什么呢？课堂应该给孩子一个无限辽远而开阔的世界，课堂应该给学生一种无比美妙的无比神奇的未来，课堂还应该给学生带来新异独特的冲击与憧憬。

第二节　核心素养的内涵

核心素养是滋育生命个体不断成长的活性因子，是学生在学习、生活及发展中不断赖于生长的重要基石，也是生命个体成长的重要标尺与内在特征。那么理想中的学生应拥有怎样的核心素养呢？这取决于三个要素：一是承续人类千百年来对理想人类形象的不断追求与完善沉淀下的文化传统；二是基于适应现代社会及未来社会发展的趋势；三是基于对核心素养"根本性、生长性、贯通性、综合性、弥漫性"特征的考量。康德早就在其教育学讲演中提过："儿童的教育不应当是为了使之适应人类目前的状况，而是为了使之适应将来可能改善的状况，即人类的思想及其全部使命。"核心素养就是为个体生命的整个人生发展奠基，为未来社会培养新人。华东师范大学教授袁振国提出了核心素养的内涵，他认为，以前我们强调双基（基础知识、基本技能），后来强调三维（知识能力、情感态度、过程和方法），核心素养强调的则是运用所学的知识、观念、思想、方法解决真实问题时所表现出来的关键能力和优秀品格。如何把知识化为智慧，把知识化为方法，把知识转化为人格，这是教育的新命题。结合袁振国教授的理解，立足现实，汲取传统智慧，瞻望未来，从促进学生的自由全面和谐发展出发，在我看来学生应至少拥有如下核心素养。

一、价值观

明代哲学家王阳明先生提出，人为天地之心。而心为人之天地。立人立心，立心立德。立德就是在内心深处培植真善美的价值，植立人成其为人的心性与德性。赫尔巴特说："道德普遍地被认为是人类的最高目的，因此也是教育的最高目的"，"教育的唯一工作与全部工作可以总结在这一概念之中——道德"。正是通过道德与价值的引领与提升，人类才从野蛮走向文明，从兽性走向人性，从粗糙走向崇高。蔡元培先生认为，教育在具体的知识传授、技能培养以外，还应有更高的目的，即探索永恒、深邃的精神世界，这才是教育的最高目的，"教育者，养成人格之事业也。使仅仅为灌注知识、练习技能之作用，而不贯之以理想，则是机械之教育，非所以施于人类也"。如果缺乏一种理想色彩，缺乏深邃的精神追求，缺乏对崇高价值的追求，怎么能铸造出人格高超、精神自由的一代新人呢？

价值观就是生命个体对自然、社会、人生诸多事情的价值认识、判断、情感、追求与践行。价值观涉及对世界、对他人、对自我的态度与情感。罗克齐把价值观分为工具性价值观和终极性价值观，并于1973年编制出《价值观调查表》。其中工具性价值观有18种，包括志向、思路开阔、有逻辑性、自我控制、富于想象、有责任感、有礼貌、有知识、能干、欢悦、诚实、宽恕、助人、独立、顺从、干净、鼓励、爱等；终极性价值观也有18种，包括世界和平、美的世界、国家安全、社会认可、宗教信仰、刺激性的人生、满意的生活、家庭安康、成就感、平等、自由、自尊、愉快、成熟的爱、内在的和谐、快意、智慧、真正的友谊等。而我国将诸多价值概括提炼成社会主义核心价值体系，其内容具体包括：富强、民主、文明、和谐，自由、平等、公正、法治，爱国、敬业、诚信、友善。

价值观具体包含着如下几个层次：一是拥有价值的感知理解力。学习从万事万物中发现其意义与价值，使世界拥有更为丰富的内涵与生命意义。二是养成价值判断力。通过内心感受及理性思考来分析价值事件与道德问题，善于判断是非善恶美丑。尤其是在泥沙俱下、良莠不齐的生活境遇中练就火眼金睛，识真伪，辨邪正。三是价值的认同与内化。海德格尔曾经说，人的世界是共同世界，人在世界中就是与他人共同存在，认同与坚守普适价值，发自内心地热爱与由衷地信仰美好的价值。"一个社会，如果它不承认在社会生活秩序及日常生命意义中精神的生动、自由的创造性，就不可能指望在这种社会教育中成长起来的人会创造性地接受文化，就不能指望他们把文化的价值变成为他们自己的价值。如果在一个共同社会中，没有生动的、共同的、具有社会影响的'精神信仰'与精神，这个社会的文化就是外在的，死气沉沉的。"四是富有价值的创造力。不但能秉持普适价值，而且不偏执一隅，不画地为牢、固守陈规，而是与时俱进、与心俱进，创生更适宜人性、更滋养人生的新价值。五是具有价值的实践力。价值的倡导最为重要的是"实习实行，实操实练"，德之重不重，其要在于实践。价值的实践力就在于言行一致、心口一致、德实一致。席勒认为："每个个人——可以这样说——按其天赋和规定在自己心中都有一个纯粹的、理想的人，他生活的伟大任务，就是在他各种各样的变换之中同这个理想的人永不改变的一体性保持一致。"

人在某种意义上来说，是为了一种信念及自身的价值而生活。如果能坚持自己的价值理想与信仰，那么，再平凡、再卑微的人都会有属于自己的光芒。"教育是人的灵魂的教育，而非理智知识和认识的堆积。谁要是把自己单纯地局限于学习和认知上，即便他学习能力非常强，那他的灵魂也是匮乏而不健全的。"（摘自德国雅斯贝尔斯的《什么是教育》）教育所涵照的应是身外之身，即引领人向无限的精神领域超升；教育所阐扬的应是物外之物，即导引人向往纯明清澈的内心生活。

【案例】20世纪60年代，有一个普林斯顿大学的学生，他是校报记者，有一天接到一个任务去采访爱因斯坦。而恰巧这个家伙是物理系的学生，你可以想象一下，一个物理系的学生能够采访到爱因斯坦，他激动坏了。他看完了爱因斯坦的所有访谈，发现没有一个问题是真真正正懂得科学的人问出来的，他发誓一定要作为物理系的学生问爱因斯坦一个真正智慧的问题，挖出爱因斯坦真正的智慧。他在一个大图书馆里读书，巨大的天顶，桌子上面有绿色的吊灯。读书到半夜两三点，突然一个灵感涌观，有一个绝妙的问题，他小心翼翼地把这个问题写在纸上，对折再对折，放在自己衣服前面左边的兜里，就揣着回家睡觉。第二天下午两点半的时候，他就跑到爱因斯坦的小楼前敲门。门打开了，爱因斯坦就站在他面前。跟照片一样，爱因斯坦有一个爆炸头，穿着睡衣，下面踩着羊毛拖鞋，踩在卡其色的地毯上。爱因斯坦左手拿着个烟斗冲他点点头，示意他进去。年轻人就跟着他一起走过走廊，进入客厅。客厅大概是十多平方米，有一个沙发，沙发旁边有一个咖啡壶，正在煮咖啡，发出咕噜咕噜的声音，整个房间弥漫着神奇的咖啡和烟草混合的味道。很多年以后，年轻人回想起那天下午，就想起那个神奇的烟草和咖啡的混合味。爱因斯坦坐定，这个年轻人就问："作为当代最伟大的科学家，你觉得什么是这个时代最重要的科学问题？我不要你有答案，我只想知道什么是这个年代最重要的科学问题。"爱因斯坦说："嗯，这是个好问题。"这个年轻人很高兴，心想我难倒爱因斯坦了，于是等着爱因斯坦回答。爱因斯坦闭着眼睛，时间过得很慢很慢，灰尘在光线里面飞，房间弥漫着咖啡和烟草的味道。大概过了15分钟，爱因斯坦看着年轻人，眼睛里闪烁着光芒，年轻人知道他有答案了。爱因斯坦说："年轻人，如果真有什么最重要的科学问题，我想就是这个世界是善良的还是邪恶的。"这个年轻人说："爱因斯坦先生，这难道不是一个宗教问题吗？"爱因斯坦说不是，因为如果一个科学家相信这个世界是邪恶的，他将终其一生去发明武器、创造壁垒，创造伤害人的东西，创造墙壁，把人隔得越来越远。但如果一个科学家相信这个世界是善良的，他就会终其一生去发明联系，创造链接，发明能把人连得越来越紧密的事物。说完这一切，爱因斯坦闭上眼睛，这个年轻人知道他拿到了答案，他轻轻起身，穿过那个长廊，把门带上。这个答案第二天在报纸上登了出来，也影响了很多人。

【案例】《善的情怀》（梁晓声）

我有几名学生，毕业后教在京工作的外国人的小孩子汉语，常向我讲述他们工作中发生的事，使我沉思不已。

其中一名学生，在给外国的小孩子讲完《灰姑娘》的故事后问他们："成了王后的灰姑娘，该怎样对待那人品恶劣的母女三人呢？"外国孩子七言八语，想出了种种惩罚和报复的方式。这使他们格外开心，直至下课了还意犹未尽。

但是外国的家长们纷纷提出严肃的批评，说那样给孩子上课是不可以的。

我的学生很郁闷，打电话请我解惑。我一听就明白双方在什么问题上发生矛盾冲突了。

我的学生第二天在课堂上对外国的孩子们谈了她自己的一番看法。她说，人性是有先天缺陷的，比如自私、嫉妒、报复心理等。所以人要自我教育，以防止自己人性的先天缺陷一味发展，最后堕落为人性的恶。《灰姑娘》中人品恶劣的母女三人，最终因为自己的所作所为感到了内疚和羞愧，所以她们在可以教育之列，而教育她们的方式一般应该是宽恕。如果做了王后的灰姑娘利用自己的权势派兵将母女三人统统抓起来，投入监狱，证明灰姑娘自己的人性在从弱者成为强者之后，也由善变恶，受恶驱使了。当一个人变得强势了的时候，他就应该更具有宽恕之心，而不是任由强烈的报复之心驱使自己的行为……

我的学生这样讲了以后，那些外国家长满意了。但安徒生的《丑小鸭》这篇童话，在我的学生讲给她的学生们听了以后，又有外国家长不满意了。

他们的问题是——如果童话里那只丑小鸭渐长渐大，最终还是命中注定地长成了一只普通的家鸭，而不是天鹅，那么它该拿自己怎么办呢？它的自卑感不是会更加强烈吗？它还能正常地活下去吗？

我个人觉得，以上问题提得何等的好啊！因为世上的鸭子从来就比天鹅多。童话中以天鹅象征高贵优雅，以鸭子象征平庸无奇。普通的人一向就比不普通的人多。普通并不意味着平庸。一个人在小时候向往不普通的人生，这是自然而然的。但在自己成为大人以后，却发现自己的人生与"不普通"三个字根本无缘，那么便有了一个如何面对普通人生的心理问题。外国的家长们，之所以替自己的孩子提出问题，其实不过说明他们颇为重视"普通人之人生观"的教育而已。同时也说明，即使一篇经典的童话、小说，如果不进行更理性的诠释，也有可能被误读。

我的学生明白了外国家长们的意图，于是隔日在课堂上鼓励她的学生们改编《丑小鸭》，其前提是，长大了的丑小鸭并没有变成美丽的天鹅，倒是确定无疑地成了一只鸭子。它是主人捡来的一只野鸭蛋里孵出来的，从此以后也只能与比野鸭更普通的家鸭为伍了……

我的学生没有料到的是，这些外国的小孩子表现出了和讨论《灰姑娘》同样高涨的热情，他们为鸭子设想了多种多样的命运。有的设想它获得了宝贵的友谊，那只起先处处看不顺眼的老鸭子成为启蒙老师，教给了它许多为"鸭"处世的经验，使它成为一只善于与那一户农家饲养的其他家畜家禽和睦相处的鸭子，一只对其他家畜家禽富有同情心的鸭子，一只在其他家畜家禽之间产生矛盾冲突时勇于表明正义立场，同时又极力主张和平的鸭子——总而言之，它成为一只不仅奉献鸭蛋也备受尊敬的鸭子……还有的孩子是这么设想的——一只年轻的公鸭对它展开了真爱的追求，而那只老鸭却依然瞧它不顺眼，坚决反对儿子和它的爱情。老鸭一再督促儿子去追求一只美丽的白天鹅。最终当然是爱情战胜了专制的父权……

外国的孩子也罢，中国的孩子也罢，世界上的所有孩子原本都是心地善良的。因为善良的想法之于恶毒的想法更能使孩子的心灵感到愉悦。而孩子们的想象力无论多么超常，本质上也是平凡的，他们的想象力的方向，大抵总是要归于善的。故我认为，老师也罢，家长也罢，要特别爱护孩子们平凡又善良的作文思想。这还不够，还要特别加以欣赏，予以肯定。须知这世界上的一切大思想家的思想，都是生长在善的情怀中的。

二、思维力

英国作家菲尔丁说："我们说某画家画的人物'真像是在呼吸似的'，大家都认为这对他是无上的推崇，殊不知若说画的人物'真像是有思想似的'，这却是更大、更崇高的赞许呢。"许多人是从这段话中读出艺术创作要追求神似而不能拘泥于形似。而我读出了人是不是"真"，人是不是"活"，其本质的要素就在于"思想""思考"。人的伟大与尊严就在于"思想性"与"创造性"。"我思，故我在。"在人类思想史上，帕斯卡尔可以说是第一个明确指出了思想乃是人之为人的一种根本属性，他不厌其烦地强调思想的存在价值和神奇力量。他说："思想形成人的伟大。"他还说："宇宙便囊括了我并吞没了我，有如一个质点；由于思想，却囊括了宇宙。"我们生而为人是多么荣幸的事，但是我们要免于堕落就必须努力"思而为人"！因为"思想""思考""思维"，人便拥有了优于万物众生之所在。思想是思维的过程与结晶。栽培"思维力"是整个人类文明的神圣使命之一。杜威在其50岁（1909年）写成、74岁（1933年）重写的著作《我们怎样思维》中，为学习下了这样一个定义："学习就是要学会思维。"

思维力的培植蕴含着如下方面：一是尊重理性思维，学会思考。面对任何现象、问题及知识，都学会理性地审视、辨析，用科学的头脑来"析万物之理"与"探天地之奥"。二是理解思维的过程。学会思维，要理解思维的过程。一般而言，思维的过程就是经历了"发现问题—提出问题—分析问题—

提出假设—验证假设—解决问题—得出结论"这些环节。洞悉思维过程，在思考过程中就不会漫无章法、混乱不堪，而是有章可循，有条不紊。三是掌握基本的思维方法。美国著名的教育家布鲁纳认为：学习的最好状态就是思维，而思维的核心要素是思维方式。基本的思维方法常见的有：分析与综合、比较与分类、具体化与系统化、抽象与概括。四是提升思维的品质。在提升思维品质方面，我们要关注的是培养思维的敏捷性、灵活性、广阔性、独特性、深刻性……五是培养批判思维及创新思维。批判性与创新性是高阶的思维品质。要重视自由想象力的拓展，注重发散性思维、反向思维、侧面思维、辩证思维等等思维方式的培植。林崇德教授在《学习与发展——中小学心理能力发展与培养》一书中提出思维的批判性品质，它的特点有五个：分析性——在思维过程中不断地分析解决问题所依据的条件和反复验证拟定的假设、计划和方案；策略性——在思维课题面前，根据自己原有的思维水平和知识经验在头脑中构成相应的策略或解决课题的手段，然后使这些策略在解决思维任务中生效；全面性——在思维活动中善于客观地考虑正反两面的论据，认真地把握课题的进展情况，坚持正确的计划，随时修改错误的方案；独立性——不为情境性的暗示所左右，不人云亦云，盲从附和；正确性——思维过程严密，组织得有条理，思维结果正确，结论实事求是。六是具有清晰地表达自己思维过程及成果的能力。伊川曰："人思如泉涌，汲之愈新。不深思则不能造于道，不深思而得者其得失易……"思维只有不断地表达才会清晰、深刻。通过表达可以整理与挖掘自己的思维，同时还可以与他人进行思维的交流和碰撞，丰富自己的思维成果。七是体验思维（思考）带来的尊严与乐趣。思想、思维不但是人与物之间的分界线，而且是人与人之间的分水岭。这是思想带来的人的自我认识、自我提升的尊严感与自豪感。苏霍姆林斯基提出，如果一个人不曾体验到这种思考家的自豪感，那么脑力劳动就会变成一种沉重而单调乏味的事。思想还会给思想者带来思考的快乐与内在的愉悦。思想者经历冥思苦想而百思不得其解，再到蒙蒙胧胧，最后豁然开朗、恍然大悟……这是一种怎样的智慧的生产过程！它必然伴随着惊异、赞叹、陶醉、欢欣鼓舞、欢呼雀跃——这就是心灵的快乐与思想的乐趣。唯有深刻体验此种乐趣的人才能成为真正的思想者。

周子《通书》曰："思曰睿，睿作圣，思者圣功之本。"思维力，是人越思越明，越思越强，越思越圣的本源所在，是人的核心素养中的内核。

【案例】《看见》（柴静）

美国有个新闻人克朗凯特，小的时候刚转学到一所新学校。老师问："二乘二等于几？""四。"他很积极，第一次举手回答。"不对。应该答什么？""四。"他肯定自己是对的。"过来站在全班同学面前，想想正确答案。"女教师说。他站在那里，穿着母亲为他准备的最好的衣服，面对着还没有认识的正在窃笑的同学们，试图忍住泪水。下课铃响了，教师问："现在，你想出答案来了？"他承认没有。她启发他："应该这样回答：'四，夫人。'"克朗凯特在七十年后写道："直到后来，这种特性才在我身上强烈地显露出来：我厌恶哪怕是最轻微的兵营式一律化的暗示……我一直在想，是否这种独立的迫切性，促使许多人选择了新闻业这一行。"

【案例】《寻找"第二个"答案》（白岩松）

我说过，一个人的工资和他的不可替代性是成正比的。你要从年轻的时候就确立一个概念：什么事情都不可能只有一个答案。这要感谢我的舅舅，他是一个很棒的数学老师。我上初二的时候，他每天给我留一道平面几何题，先把最容易的辅助线给我画出来，然后让我画其他辅助线，玩了整整一个学期。很多年之后，当别人说起白岩松的思维方式好像不太一样，总在已有答案之外，去寻找另一个答案，我突然想起舅舅的数学游戏，都忘了对他说谢谢了。正是在这样的游戏中，我已经适应了什么事情都不止一个答案。最明显的答案往往最简单，寻找第二个、第三个答案的过程更难，但是找到了你会更有成就感。

我做节目的特点是，别人的工作结束时，我们的工作才刚开始——要在别人提供的资讯的基础上做出评论。但我从来不会为此焦虑，因为已经习惯了逼迫自己去寻找第二个、第三个答案的过程。非常感谢我的同行，经过那么长时间，还给我们留了可以吃的饭。因为相当多的人只迈出第一步就停下了，没有去另外的角度寻找新的方向。第一个答案往往是具有欺骗性的。因此我在采访时，对方的第一个答案之后，我会观察他，当他眼神闪烁时，我不再提问，而是把身体往后一靠，准备继续倾听。此时他接着说的才是真知灼见。因为很多人回答问题时，习惯于先说一个放之四海而皆准的真理，很安全很平衡的"标准答案"，其后接着说的，往往才是他的个人想法。所以对于采访者，也要寻找第二个答案。

三、生命力

每一生命个体在"成长"过程中，受到世俗生活的侵袭，日渐平庸、日渐萎缩、日渐呆板、日渐麻木……诸如此类的"成长"与"成熟"每天都在上演——那就是生命每天的在无谓地流逝。每天生命逐渐地被一种混浊的、沉重的物欲所掩盖与遮蔽，那种灵光透亮、晶莹剔透的光辉慢慢地消逝了。服膺老子《道德经》中所谓的"挫其锐，解其纷；和其光，同其尘，是谓玄同"，最后，只能以"混世"的态度来面对每天的生活，充当一粒渺不足道的尘埃，随风飘散，无可驻留，无可铭记。而其实真正的"生命力"、真正的"成长"、真正的"成熟"，应该是生活能力更强、心灵更敏感、情感更丰富、精神更愉悦、身心更健旺。就像阿尔贝特·施韦泽在《敬畏生命》中所描述的，我们应该达到的成熟，是我们不断磨砺自己，变得日益质朴、日益真诚、日益纯洁、日益平和、日益温柔、日益善良和日益富于同情感。这是我们应走的唯一道路。生命因教育与成长而丰富，而有尊严，而有价值，而美好幸福快乐……

生命力首先意味着生活力，有生机活力。拥有感受生活、创造生活、享受生活的能力。富有生活的情趣与情调。生命的重要使命是使生活更美好。在现实生活中，不少学习者越学越呆、越学越迂、越学越傻、越学越没有生活能力，其缘由就在于缺乏生活的转化力与生命的转化力。生活力就是善于将知识与生活相联系，善于打通文本世界与生活世界的疆域，使之联成一体；善于将知识转化为生活本身，善于将知识转化为情感、智慧、思想的营养来滋育生活；善于通过知识与文本世界来改造、提炼、指导、提升生活世界，让生活因为知识的润泽而熠熠生辉。

【案例】《核心素养，一枚改变教育内涵的"楔子"》（李帆）

几年前，中央电视台一档节目，邀请中美两国即将进入大学的高中生参加。其中，美国的12名高中生都是当年美国总统奖的获得者，国内高中生也是被北京大学、清华大学、香港大学等著名大学录取的优秀学生。

在一个环节上，两国学生的对比令人震撼。当时，节目组要求两国学生制订对非洲贫困儿童的援助计划。首先由中国学生阐述。他们从中国悠久的历史入手，从歌颂丝绸之路、郑和下西洋，到吟咏茶马古道，然后有人弹古筝，有人弹钢琴，有人吹箫，三个女生合唱，一人一句，一会又是一个人深情地背诵，然后是大合唱。最后对非洲的援助计划轻描淡写地一笔带过。

美国高中生的方案，则是从非洲目前的实际情况，从也许我们都想不到的非洲社会生活的方方面面，包括食物、教育、饮用水、艾滋病、避孕等一些看起来很细小的实际问题入手，每一项，做什么，准备怎么做，甚至具体到每项的预算，而那些预算竟然准确到几元几分。每个人分工明确，又融成一个整体，整个计划拿来就可以进入实施阶段。

报刊评论说："当中国学生该展现出理想和精神的崇高的时候，他们要追逐金钱和权力；当中国学生该立足实际、脚踏实地解决问题的时候，他们又吟诗弄赋，在实际问题的外围不着边际地轻轻飘浮。"

学生的问题，不正是教育的问题吗？我们以为，全面发展就是能歌善舞，允文允武。我们以为，素质就是一种可以展示的技能。有一段时间，学校很流行举办素质教育汇报演出。不少人以为，全面发展的教育就是德智体美劳各个方面的简单相加。大家把各个学科像积木一样堆积在学生身上，撞上硬问题，便萎然顿地。

这样的误解，很大程度上导致我们的教育改革成为观念改变的巨人、行动成果的弱者。

生命力其次意味着有情感力。万物有灵，众生有情。人情、人性，有人便有"情感"与"性情"，或者说，有了"情感"与"性情"，人才能成其为真正文明和有文化意义的人。古人说，人非草木，孰能无情。教育家苏霍姆林斯基说过：情感如同肥沃的土壤，知识的种子就播种在这片土地上。情感力就是养成博大的情怀，培植柔软的同情心，拥有丰富而细腻的情感感受力。具体而言，情感包括心境、理智感、道德感。良好的情感力要养成平和淡定的心境、不懈探究的审智情感、良善祥和的道德感。对于个体生命的情感力涵养至少要关注这几个要素：一是情感的感受与辨识能力。二是学会管理、控制与调整自己的情感表达方式。三是体验健康美好的情感。四是以情育心、以情促行、以情济德。德国哲学家海德格尔说：被我们称之为情感或情绪的东西或许是更为合理的，就是说，更具有深刻的感知力。因为与所有那些理智相比，它更向存在敞开。

再次，生命力意味着有心灵体验力。在现实生活中，不少人逐渐变得机械僵化、麻木不仁。其每天的生活不过是毫无感觉、毫无新意、毫无生机的单调重复，缺乏感受，缺乏激情，缺乏体验——人成为异化与物化的存在。心灵体验力，就是敞开心灵，调动全身心的所有感官及内在的感受力触抚世界上的人事物，由所见、所闻、所思、所想、所悟而凝会成感触。人生的价值与意义是经由体验来唤醒的。斯普朗格认为，体验意味着主体的觉醒，心灵的唤醒。通过体验以全新的视野重新打量世界，并探测世界与心灵的深度。伽达默尔是这样界说体验的："如果某个东西不仅被经历过，而且它的经历存在还获得一种使自身具有继续存在意义的特征，那么这东西就属于体验，以这种方式成为体验的东西，在艺术表现里就完全获得一种新的存在状态。"伽达默尔是针对艺术表现来讲，其实对于整个人生来讲也是同样的道理。所谓体验是经验中见出意义、思想和诗意的部分。心灵体验力的重要组成就是：一为感动力。能从生活世界的纷纭中发现令人感动的细节，给僵硬干枯的生活以滋润温暖。二是领悟力。从无序琐屑的生活碎片中建构属于个人独特的意义与理解。三是体验诗意与情趣。从现实生活中枯燥乏味的散文体中去发现富有诗情画意的部分，并拥有享受现世生活的情趣。

【案例】台湾的美学大师蒋勋在《花落下来》中写道："我在课堂上讲美学。教室的玻璃窗开着，学生都不时地看窗外，没有办法专心听课。我刚开始当然有一点生气，你在讲课、演讲，别人都不看你，都在看外面的花，你自然会觉得有点失落。可是后来我想，如果要讲美，我所有的语言加起来其实都比不上一朵花。一个春天的花季，恰恰是这些 20 岁的年轻生命应该去感受的，他们应该在那里面得到震动。所以，我就做了一个决定，我说：'好，你们既然没有办法专心听我讲课，我们就到外面上课，就坐在花下。'他们全都欢呼起来，毫不遮掩他们的高兴。那一天，我们就坐在花下上了一堂美学课，看着那些花落下来。"

最后，生命力意味着具有拥有幸福的能力。幸福是生活中的人所当有的追求。每个生命个体来到世上都负有重要的使命，让生命绽放快乐的花朵，让生命绽放幸福的光芒。而人们常常在匆碌奔竞中，忘记了初心，忘记了生活的本质。攀比代替了幸福，物质代替了幸福，权欲代替了幸福。幸福的定义与概念被世俗涂抹了一层又一层的误解色彩，被扭曲得面目全非。可以这么说，探寻生活的意义就是探寻幸福的意义，探寻幸福的价值就是探寻生活的价值。苏霍姆林斯基在《怎样培养真正的人》中谈到，教学大纲和教科书规定了学生的各种知识，但却没有规定给予学生的最重要的一样东西，这就是幸福。我们的教育信念应该是：培养真正的人！让每一个从自己手里培养出来的人都能幸福地度过自己的一生。每个人都有追求及创造幸福的权利、责任和能力。那么幸福力到底是什么呢？如何才能获致幸福？

一是有乐观与积极的心理。幸福是一种心态，是对自己与世界相处时能保持的宽容而开明的态度。人生不如意事十有八九，但是，养成乐观心态与积极心理就会常思"一二"。生活快乐与否，往往取决于内心是否明亮欢乐。一念为地狱，一念为天堂。要善于转换视角，化心魔为心灯，则无往而不乐，无往而不美，无往而不安好。恰如海子诗云"面朝大海，春暖花开"——只有"面朝大海"，拥有开阔壮大的情怀与心态，才能感受到天地之"春暖花开"。二是有创生生活与创生自我的能力。生活是不是幸福还关联着生命个体是否每天拥有新的感受、新的快乐、新的体验……创生生活与创生自己是养护欢喜心、幸福心的秘密花园。法国生命哲学家昂利·柏格森在《创造进化论》中说，"我们连续地不断地创造着我们自己"，"对于有意识的生命来说，就是要连续不断地进行无尽的自我创造"。通过自我创造，我们能体证着"上帝造人"般的快乐与幸福。三是学会关心。幸福是美好情感的升华。学会关心自己、他人、动物、植物、器物……关心就是生命的交往与丰富，就是与世界建立更多的、更深的、更牢的心灵的链接。拥有大爱的情怀，便可臻于大快乐、大幸福的境界。四是安顿灵魂的宁静。幸福是心灵的"无纷扰"，是内心获得宁静的力量与寓所。有些人的生命在利来利往的空间中变得毫无灵性可言，来来往往多的是算计与衡量，灵魂迷失、躁动、喧嚣，无处安顿。

不少人将人生最美好的想象与理想，践踏在地，然后不知所以地一路手之舞之、足之蹈之。幸福力就是"驯养"自己的灵魂，浇灌自己的灵魂，使之在宁静中发亮——"她若安好，便是晴天"。

生命力，还喻示着对生命本身的珍爱，对生命的尊重，对生命的同情，守护生命的尊严，追求和创造生命的意义与价值。

【案例】在2002年1月澳大利亚举行的网球公开赛上，法国选手雷德拉和桑托罗正与另一对选手布特和克莱芒紧张地进行着男双半决赛。突然，球场的上空飞进来一只小鸟，而且不偏不倚正好被雷德拉一记势大力沉的回球击中。这时，令全世界亿万观众感动的一幕出现了：准备接球的布特看到小鸟落地，马上扔掉球拍，迅速跑到小鸟坠落的地方，眼见小鸟命已归西，他双膝跪下，手划十字，送上最后的祷告。其他选手也参加了这场即兴葬礼，直到裁判用手帕把小鸟包起送到场外。

四、学习力

人始终处于不断发展的状态，人的成长不是一次性完成的，它常常是正在进行时。人必须在整个学习过程中，不断地成形，不断地改善——人是一个开放的状态，是一个永远的起点……现代神经生理学和认知科学研究表明，人的心理潜能是无限的，具有极大的发展空间。首先，人脑的信息储存和处理能力是相当惊人的，有研究表明，人脑由1000亿个神经元构成，而每个神经元与其他神经元的连接多达10的4次方条，人一生中大脑可以储存10的7次方亿个信息单位的信息，而人类对大脑利用率还相当有限，人脑神经元被积极利用的只占7%，人体综合潜能被发挥出来的不超过10%。现代研究发现，人的记忆力潜能运用不到10%，想象力潜能运用不到5%，嗅觉潜能运用不超过10%。其次，脑结构和脑功能具有可塑性。美国著名的心理学家威廉·詹姆斯说："若与我们的潜能相比，我们只是半醒状态。我们只利用了我们肉体和心智能源的极小一部分而已。往大处讲，每一个人离他的极限还远得很。他拥有各种能力，但往往习惯性地未能运用它。"

学力即能力，学养即素养。彼得·圣吉在《第五项修炼：学习型组织的艺术与实践》中提出，真正的学习会触及做人的意义这个核心问题。通过学习我们得以再造我们自身；通过学习各尽所能地开发自身能力，去做从前不能做的事；通过学习我们重新认识世界，重新认识我们与世界的关联；通过学习我们拓展我们的创新能力，使自己成为生命的成长和生发过程的一部分。在我们每个人的内心，都有对这样的学习过程的深层渴望。正如人类学家爱德华·霍尔所说："人类是杰出的学习型生物。学习的欲望和性欲一样强烈——而且比性欲更早就开始有，持续时间还更长。"

人之初，性本"学"。人的天性需要学习，人的成长需要学习，社会的发展更需要个体生命的终身学习。朗格朗在《终身教育的重要意义》中谈到，"学会学习"这句话现在已是人们用俗了的套语，人们把它作为一种最佳的解决办法加以滥用，从而使它变得乏味了。但是，它的意义是名副其实的。如何培养学习力，以实现终身学习的美好愿景呢？很显然这涉及学习的心性、目标、内容、方法、过程、效果等等方面。而我们认为，学习力至少应包含以下方面的内容：

1. 学习的兴趣。学习兴趣是持续学习乃至终身学习的秘诀。兴趣是才能的表征及生命力成长的内动力。养成学习的兴趣，再苦再难再累的问题与学习，学习者都会兴致勃勃。在兴趣的推动下，学习者往往是苦中作乐，虽苦犹乐，以苦为乐，乐此不疲。科学家丁肇中用6年时间读完了别人10年的课程，最后终于发现了"J粒子"，是第一位获得诺贝尔奖金的华人。记者问他：你如此刻苦读书，不觉得很苦很累吗？他回答，不，不，不，一点儿也不，没有任何人强迫我这样做，正相反，我觉得快活。因为有兴趣，我急于要探索物质世界的奥秘，比如做物理实验，因为有兴趣，我可以两天两夜，甚至三天三夜呆在实验室里，守在仪器旁。我急切地希望发现我要探索的东西。这就是学习的兴趣。美国教育家布卢姆说过："一个带着积极的情感学习课程的学生，比那些缺乏热情、乐趣和兴趣的学生，或者比那些对学习材料感到焦虑和恐惧的学生，学习得更加轻松，更加迅速。"培养学习力首要在于培养学习兴趣，否则一个人面对新知，内心"一潭死水，水波不兴"，怎能真正做到与世界对话、与他人对话、与自己对话呢？

正是这种内在的力量催促成功者如痴如醉地投身于某一领域活动之中，

具有乐此不疲的忘我精神；也正是这种力量令他们几十年如一日地从事某一领域的研究，具有持之以恒的意志力；也正是兴趣的力量激发他们日复一日地创新与创造，开拓某一领域的新天地。兴趣的培养，永远是任何教育教学活动中非常核心的意义之所在。

2. 学习的专注力。荀子在《劝学》中提出，君子曰：学不可以已。专心致志、目不斜视、一心一意、持之以恒，这些是成就大学业及大事业的必备要素。在学习上若是三心二意、心猿意马，无法收摄精神归并一路，全身心以赴，那么一定是无功而返、一无所成。只有专心，才能仰之弥高，钻之弥深；只有专注，才能化难为易，登堂入室；只有专一，才能攻坚克难、豁然开朗。学习的专注力主要呈现为：一是学习时全神贯注，目不窥园，不受任何外界环境所干扰。二是学习时间上是坚持不懈，不会"三天打鱼，两天晒网"，正如毛泽东主席所说的，贵有恒，何必三更起五更睡；最无益，一日曝十日寒。三是学习针对某个专题或问题，不屈不挠、不离不弃地研究。专注力唯一要做的事，就是沉下心来，沉到生命的深处，沉到兴趣深处——将整个生命融化于你的兴趣爱好与追求之中，不怨不悔，不舍不弃。做每一件事，我们都要以心以思，不可自己从内心深处以厌以斥，只有热爱才能执著，只有执著才能深刻，才能积淀——持之以恒必有所成！

3. 学习策略与学习方法。美国著名的教育家杜威说过："学校中求知识的目的，不在于知识本身，而在于使学生获得求知识的方法。"钟启泉先生认为，以"方法论知识"为核心的学力，是拥有自我学习动机的持续学习的基本能力，也是终身学习的基础。从这个意义上说，学校教育的重心应当从"事实性知识"转向"方法论知识"。对于学习者来说，掌握学习策略与方法首先要理解学习策略的"目的性、计划性、组织性、自主性、过程性、有效性"等特征，明确学习目的，端正学习态度，提高学习的自主性。其次要掌握学习策略的一般类型：一是认知策略（复述策略、精细加工策略、组织策略），二是元认知策略（计划策略、监视策略、调节策略），三是资源管理策略（学习时间管理、学习环境管理、努力管理、寻求帮助），在此基础上应已而作，在各种学习情境中灵活运用相关的学习策略与学习方法，以提高学习效率。再有是掌握学习的工具，如运用现代信息技术，通过信息网络学习新知，整个心扉向四面八方打开，读人、读物、读图、读网……无所不读，无所不学。也就是超越以书本为世界的学习，变以世界为书本，以生活、自然为课程，从而获得源源不绝的学习资源。最后要拥有学以致用的方法，将知识与生活实际相联系，将学习与生活融为一体。

4. 学习的乐趣与成就。学习能否成为一个自觉的习惯，能否一生恒久保持，这取决于学习对象、学习过程、学习成果能否带来快乐和自我创生的体验。如从学习对象中感受到物我交融的惊喜，这是面对新知时求知的乐趣；从学习过程中体会到"疑问探究解决"思考的心灵激荡，这是思考时获得智慧的乐趣；从学习成果中领受到发现世界、确证自我的充盈，这是自我创造与自我实现的乐趣……张景中院士在《怎样才能快乐地学数学》中写道："数学家不但能发现这些有趣有用的奥秘，而且能够论证，能够让你毫不怀疑地相信。而这些由前辈在千百年间千辛万苦开掘得来的珍宝，我们常常在一节课的时间内就能学到手、就能轻松欣赏，不亦乐乎？"他认为学习数学的乐趣很多，比如震撼感：爱因斯坦曾回忆，当他在中学几何中学到"三角形的三条高线必交于一点"时，受到了很大的震撼，他觉得这个世界上一定有更多这样的奥秘还没被人发现，这对他的一生起到了决定性的影响，奠定了他从事科学研究的决心。"学习数学可以是非常快乐的，这种快乐是一种激情状态，这种快乐又承载了学生的梦想。"明代王心斋在《乐学歌》中写道："乐是乐此学，学是学此乐。不乐不是学，不学不是乐。乐便然后学，学便然后乐。乐是学，学是乐。於乎，天下之乐，何如此学，天下之学，何如此乐。"体验学习带来心灵成长及生命成长的快乐，不断地滋养心灵世界及思想智慧，获得内在的欣悦及自我实现的满足，从而养成终身学习的方法、能力、情感和习惯。

【案例】《教育心理学》（张大均）

笔记法。记笔记是阅读和听讲中用得较为普遍的精加工策略。俗话说：好记性不如烂笔头，心不及墨。研究也表明，学生借助笔记既可以有效地控制自己的认知加工过程，维持学习注意和兴趣，又有助于概括新的知识和建立新旧知识之间的联系。维特罗克等人以小学生为被试做了写概括语的研究。实验者让优等生和后进生分别学习不同材料。优等生学习的材料长1250个词，学习20分钟。后进生学习的材料长372个词，学习8分钟。然后将两类学生混合分成4组，对每组学习要求不同：A组学习时需给每节写一句概括语；B组学习的每节材料上已经有两个词的标题；C组的学习材料同B组，但需要同A组一样写概括语；D组为控制组，单纯阅读。结果，无论是优等生还是后进生，A、B、C三组的学习成绩显著高于控制组D的成绩。而在A、B、C三组之间，又以C的成绩最好，A、B两组成绩无显著差异。这说明，学生在学习过程中，材料中附加扼要的概括词尤其是要求写出概括材料的要点促进了他们对材料的理解。记笔记能够促进学习过程中主体的深加工，有助于学习者从外部控制转向自我内部控制。

美国心理学家布卢姆认为，人类记忆的首要问题不是储存而是检索，而检索的关键在于组织。结构网络图就是一种最好的知识组织方式，制作结构网络图的过程就是组织材料，建立记忆检索框架的过程。

【案例】 高万祥在《优秀教师的九堂必修课》一书中提到学校里青年体育老师孙健的一回演讲：记得我在老梁丰读初二时，由于我的学习很差，而且不主动，班主任就将我和班长调为同桌。说起我们这位班长，那成绩好得没话说，从没有下过年级前十名。我当然是佩服不已，但又无可奈何，心想：人家的脑瓜灵光，什么东西一学就会，我哪能跟他比呀？所以我对自己一般的成绩心安理得。但一节物理实验课给了我深深的触动。那天我们正学习使用天平。将天平调好后我就想实验一下。于是拿起班长的课本和我的课本各自放在天平的一端，谁知天平重重地倾向他那边。我有点不相信，以为天平出了问题，便将书对换以后重新称。谁知结果还是一样：他的书比我的重了整整4.3克。我说你的书里放了什么东西，就拿起他的书翻抖起来，结果什么也没有发现。我更纳闷了，为什么他的书就比我的书重，难道他的书是牛皮做的吗？拿起书仔细一翻，结果发现里面密密麻麻地写满了笔记，甚至后面还没学到的章节，他也写满了。再看看我的书，光亮如新，我甚至还能闻到只有新书才能散发出的油墨芳香。我的心颤动着：我与他的差距可能不光是脑袋灵不灵光，或许这4.3克才是我和他真正的差距吧！从那以后我学习刻苦多了，学习也有了很大的进步，最终考上了一所理想的高中。从这件事中我明白了一个道理：天才不是偶然的。

五、合作力

（一）合作能力何以成为学生发展的核心素养

【案例】《天堂与地狱的启示》（童其林）

有一个人想看看天堂与地狱的区别。他来到地狱，看见人人饿得面黄肌瘦，原因是他们的筷子有一米长，自己夹饭自己吃不着。他又来到天堂，看见人人红光满面，原来他们也使用一米长的筷子，但都夹饭喂别人。能够合作的人就生活在天堂，专顾自己的人就生活在地狱。微软面试员工时要了解：是否聪明？是否有创新精神？是否有团队合作精神？专业基础怎样？

合作是个体生命及人类文明进化的结晶。正如诗人泰戈尔所说，唯有合作，才能创造文明。人的天性就是合群合作，人是在关系与活动中不断地成长的。

从人类的进化来说，是合作的群体生活使人类生存、进化、发展从而走向文明。个人的单打独斗、孤军奋战，往往是一败涂地、无济于事。正如英国诗人约翰·堂恩所言："谁都不是一座岛屿，自成一体；每个人都是那广袤大陆的一部分。""任何人的死亡都使我受到损失，因为我包孕于人类之中。"

从心理学角度来说，合作的社会性效益非常明显。1916年，弗劳德·亨利·奥尔波特通过一系列的实验，完善了"社会促进"理论。该理论指出，群体的社会刺激物能使个体工作在速度和数量上有所增加。

从神话及寓言的文化学意义上来讲，从某种意义上每个人出生之后，命定要在这个世界上寻求自己的另一半。这里的"另一半"，不仅是简单理解的世俗上的"伴侣"与"配偶"，而是精神意义、心灵意义、思想意义等等的"配偶"……从四大名著看"合作文化"：《西游记》就是讲唐僧师徒合作取经的故事，历九九八十一难，师徒同心，其利断金，修得正果；《三国演义》讲述刘关张合作取义的故事，讲在军事、政治生活中如何合作共存，共同发展；《水浒传》也是在讲草莽英雄108将如何合作壮大的故事；《红楼梦》中也讲红楼女子如何在大观园合作吟诗赏景的故事……

从生物学角度来看，自然界有这样一种现象：当一株植物单独生长时，显得矮小、单调，而与众多同类植物一起生长时，则根深叶茂，生机盎然。人们把植物界中这种相互影响、相互促进的现象，称之为"共生效应"。

从现代科技生活角度来看，网络时代与信息社会，人与人之间的联络更加便捷。某一创意及事业或项目的成功不能靠一人之力、个体之智，而是需要全方位、多层次、立体式的相互合作、相互配合、相互支持。

然而现实生活中，我们看到的更多的是孤军奋战与乌合之众，没有任何团队意识与合作精神。不少人对人漠不关心，对事无动于衷，对物毫不珍惜……其最重要的原因就是"自我中心"，沉浸在自己的小小的悲欢与得失之中，"心小小的悲欢并视为整个世界"，不知道"无边的社会，与无数的人"都与我们有关。如何疗治心灵的自闭与孤独，这就需要我们走向同伴，走向生活里会产生的活动，走向需要合作的游戏、学习和工作。

从教育及学习的意义来看，苏联心理学家维果茨基认为，"人类的学习是在人与人之间的交往过程中进行的，是一种社会活动"。这意味着，教育及学习要通过社会性的合作活动来进行，并且在这种活动中要学习社会性的合作交往。

由此，我们要倡导"合作意识"与"合作精神"。合作能力是人的生命成长中及一生发展的不可或缺的核心素养。

（二）学生合作素养发展主要蕴含着哪些内涵

1. 养成开放、接纳的心态。合作就是对新事物，对与己不同的异质的宽容与接纳。在现实生活中，我们更多的是看到"党同伐异""排除异己"，"是我之所是，非我之所非"。只要一言不合便一拍而散，甚至是大打出手。即便是"合作"，往往也是有其形而无其神——表现为各说各话，各想各事，没有互相吸纳，没有互相汇合。"合作"仅仅是"合在一起坐"的"合坐"。其主要的壁障就在于，对于不同于己、对于新鲜的事物心存恐惧，自我封闭。正因为如此，我们的合作要培养一种容新纳异的气度与胸襟。

《论语》中谈到，道不同不相为谋。而如果从另一个角度上来看，正是因为彼此间的优势与资源还有能力等等不相同，才拥有合作的基础与可能。如果都是相同的，那么就不存在"资源整合"，不存在"取长补短"，不存在"合作共进"，也就没有"合作"的必要了。养成开放、接纳的心态，首先要做到不自以为是，不存成见，一律平等相待；其次要做到对于自己不熟悉、不认同甚至拒绝的意见与做法不急于作判断、下结论，要设身处地、将心比心地换位思考；最后要做到，以谦卑的情怀对待一切人与事，真正达到"虚怀若谷""海纳百川"。专注对待别人及其观点，如内尔·诺丁斯所描述的，"这种看待别人的方式是需要注意力的。你掏空自己的灵魂以便接纳你所关注的那个人。你对他不加选择，接受他的全部。只有具备了关注这种能力，你才能做到这一点"。

2. 胸怀希望，善于提炼出共同的愿景。拥有合作能力的人善于提炼出共同的愿景，也就是通过唤醒人们对于未来的希望与憧憬，激励着人们不断前行与努力。善于存异求同，在重叠共识中拥有共同的愿景。彼得·圣吉称："如果说有一种关于领导力的理念，数千年来一直给予组织机构以激励和启迪，那就是要有能力不断地分享我们所追求的未来图景。如果组织中没有全体成员深度分享的共同目标、价值观和使命感，很难想象这个组织能够保持某种程度上的伟大称谓。""当真心的愿景建立起来的时候（这不同于大家都熟悉的'愿景声明'），人们都会力行卓越，用心学习，积极上进。这不是因为有人叫他们这么做，而是因为他们想这么做。"而在现存的情况中，我们分析诸多"合作"的现象（包括学生的合作学习），基本上是为了解决一个"问题"或完成一个很功利的"任务"，然后暂时结合在一起。当"问题"或"任务"完成了，大家就没有什么值得相互维系与依恋的，几乎没有更加"高远而美好的愿景"，自然也就难以形成真正的"共同体"。

要形成美好的合作关系，第一要善于根据每个人的气质类型与性格特征，探求彼此的共识，追求共同的愿望。合作就是在此时此刻、此情此景，不同的人寻找到目标交叉与视野融合的部分——共同的目标成了凝聚团队的核心力量所在。美好的愿景，总会让单数的"我"走向复数的"我们"。按彼得·圣吉的说法就是，"协同校正的团队"，"一种共鸣或协同实际开始出现时，就像激光的'相干'的光，而不是灯泡的不相干的散光。在志向目标、共同愿景以及对如何互助互补的理解等方面，都出现协同一致"。合作而没有共同的追求，那无异于一盘散沙，永不可能形成凝聚力与核心力量。第二要善于知己、知彼。认识自我，了解自己的优点与弱项，理解自己的愿望与方向，深刻体会当下自己所做所为的意义与价值。理解他人，理解他人的愿望与处境，理解他人的情感与立场，从而在人与我之间探寻心灵的契合点与链接点。用共同的理想与追求来彼此鼓励，相互丰富对方的精神生活与生命意义。确认，人生除了"成学""成事"之外，还有超越其上的"成情"：彼此互相认同与欣赏的情感。

3. 构筑信任与关心的关系，尊重每一个生命的发音。合作就是一种基于尊重与爱的对话关系，只有爱、关心、尊重、平等，团队合作与对话才能真正形成。巴西著名的教育家保罗·弗莱雷在《被压迫者教育学》中写道："能够把对话建立在爱、谦逊和信任基础之上，对话就变成了一种水平关系，对话者之间的互相信任是逻辑的必然结果。"合作关系的形成有赖于团队成员间的彼此信任与关心。因为信任就可以敞开心胸，就可以推心置腹，就可以心心相印。建立起信任关系，团队成员之间有问题就大胆提出，然后各抒己见讨论问题的解决方案，集思广益、群策群力提出行动计划，在实施过程中，每个人都有权利和义务进行审视、提出建议，使行动获得最大程度上的改善。

在合作过程中，要学会宽容与包容成员的"不同"与"错误"，在互相尊重每一位成员的内心尊严的前提下，互相"纠错"，互相"改错"，在互信互谅互爱的气氛中，让每个人都"舒放心灵""舒展思想""舒展个性与生命"。由于每一颗心都得到关注、尊重与滋养，团队就会产生"莫逆于心""心领神会"的美妙的感觉。就如同英国物理学家戴维·伯姆在他的《论对话》一书中所说："我建议人们组成一个群体来开展对话，并把对话维持一段较长的时间，让大家逐渐熟识。这时候，我们的思维就能朝同一个方向运动，使人与人的交流逐渐形成高度的内聚力。我们不但能够直接感知这种内聚力，而且更能在内心深处形成默契的意会，即使这种默契的意会只是一种模糊的感觉。我以为，后一点比前一点更重要。"

4. 具有一定的合作技巧。要善于倾听、善于交流、善于吸纳。良好的合作能力就是拥有一定的合作技能技巧及思想策略。

首先，要学会倾听。倾听就是全身心地敞开，将身体的全部感觉神经及通道都一一打开，去感受与吸纳来自另一个生命的所有信息与心灵的波纹，甚至能触摸灵魂的折皱。如作家毕淑敏在《幸福的七种颜色》所说的："会听的心,要有大的空间,除了容纳自身,还能接纳他人。会听的心,要有对人的真诚,因为听的那一刻你将把心灵至尊的位置,让给你的朋友。会听的心,是柔软和温暖的,让人感到茸茸的温馨……"

真诚的倾听者总是自始至终为思想的演奏作美好的铺垫。第一,倾听是全神贯注的身体的聆听。身体上的每一个部位和细胞都调整到了"倾听模式"——眼神专注地与发言者交流,随之自然应和着点头、微笑等积极暗示的表情,当交流逐渐深入,倾听者感受到发言者的情绪的脉搏,心随之而动。倾听者就是一位具有同理心的人,第一步是要成为发言者的另一个"自己"。第二,倾听要从发言者的语言信息之中,听出其内在的情感及深层的思想。按马克斯·范梅南先生的话来描述就是"一个富有机智的人具有敏感的能力,能从间接的线索如手势、神态、表情和体态语言来理解他人的思想、感情和愿望,机智而迅速地看穿动机或因果关系。一个富有机智的人,可以说,能够读懂他人的内心生活"。要善于听出其"画外之意"与"弦外之音",乃至听出发言者自己也无法深悉的思想与观点。听出让发言者觉得"出乎意料"的,即发言者自己事先也根本没有想到的意义与价值,却又让发言者有"深以为然""深得吾心"的感叹。倾听者就是一位"无为而有为"的心灵导师,他让发言者找到真正的自己。第三,倾听要善于化繁为简,善于从纷杂冗碎的言语中探寻"意义的珍珠",对于其关键的词句可作适当的记录。

其次,要学会交流。良好的倾听就是一种最为畅通无阻的交流。此外,为了让交流更有效、有益,我们在交流过程中还要注意做到以下几点:一是在倾听的过程中,可以重复发言者的"关键词"以示赞同而激发他继续发表见解。"教师边与每个学生谈话,边倾耳静听每个学生尚未说出的话语,在对话的过程中,竭力以自己的身体语言和情感去与学生的身体动作和起伏的情感共振",这里说的是教师的倾听与交流,其实也是描述一般形态的倾听与交流。二是倾听者如有不同的想法,应本着"存异求同"的原则,对发言者的观点用自己的语言进行概括性、理解性的阐述之后,先赞成其中的一部分观点,然后提出不同意见。三是交流过程中,应设身处地地为对方着想,避免以一己之见来反对或反驳对方的意见,交流过程应是多方互惠多赢的过程,而不是"你死我活,两败俱伤"。"如果你理解了他人的思想,它就变成了你的思想,你就会把它也当做是你的思想。""在对话里,先是某个人产生了一个想法,另外一个人则吸收了这一想法,接下来又有其他人对这一想法进行了补充。思维于是就像潺潺之水流淌于对话者之间。"

最后,要善于互让。交流与合作不是为了逞一时口舌之快,或逞个人英雄主义气概,而是为了探寻更贴近的真理,更合理的实践做法,更合适的共进的方向与方法。交流的过程中,要善于"你让我一分,我让你一寸",就是要善于妥协与示弱。坚持原则与自己的个性风格是无可厚非的,但是,不讲分寸、不论情境、不分场合地"勇往直前",往往是折戟沉沙、于事无补。善于交流与合作就是在坚守底线的基础上,适当通融、艺术处理,敢于谦让、勇于礼让,而不是斤斤计较、锱铢必较。当然,"让"不是毫无立场,听之任之,而是让中有情、让中有理、让中有智,让得恰如其分,让得皆大欢喜、功德圆满。《诗经·卫风·奥》中说,"有匪君子,如切如磋,如琢如磨";教育名著《学记》中也提出,"独学而无友,则孤陋而寡闻",这些都是指在合作共学中,互相切磋,互相增益,互相礼让与吸收。互让是对异己观点与思想的深刻理解,是对自己的观点与思想的重新审察与创生,是合作双方彼此的接纳与丰富,是对彼此的尊重与提升。

5. 深刻理解"合作不但为了成思、成事,还为了成人"。佐藤学先生提出,"因为我们不能不面对现在学生所存在的严重问题,即对事、对物的不关心,对他人的不关心。而这种对事、对物、对人的冷漠态度并不仅仅只是学生的问题,可以说这是现代人的一种深刻的病理现象"。合作不仅仅是为了共同解决某个问题或完成某项任务、达成某个目标,还意味着学习"共同生活",并在这一过程中"共同成长"。只有心存"成长"主题,拥有"关心"信念,合作才不是一种简单的"相互利用"。合作固然强调"互惠互利",但,这种"惠"和"利"更多的是包含着心灵、情感的滋惠与利好。这样的"互惠互利"则是以"互信互谅""互爱互助"为基石与指向的。

每个生命个体都是在群体活动中不断地成长。因为合作,彼此间要学会关切各自的感受体验、学会关怀各自的思想情感、学会关注各自的个性特征,使彼此都成长为一个富有"关爱心"的人。因为合作,彼此间能学会"救失救偏"、学会"道德相规、互相砥砺",在相互磨合中,形成性格、智慧、生命的互补共生。杜威在《民主主义与教育》中反复提到，共同体中共同的了解（包括目的、知识、信仰、期望等），以及达到这些共同性的沟通过程，本身就具有教育性。总之，因为合作，更多的生命个体，互相之间丰富了各自的思想、丰沛了各自的智慧、丰盈了各自的心灵、丰饶了各自的生命。我们要让更多的生命与事物渗入生命的成长，参与生命的成长。

【案例】

1968年，保罗·艾伦与比尔·盖茨相遇于湖滨中学，艾伦比盖茨年长两岁，他丰富的学识令盖茨敬佩不已，而盖茨在计算机方面的天分又使艾伦倾慕不已。就这样，他们成了好朋友，随后一同迈入了计算机王国。艾伦喜欢钻研技术，他专注于微软新技术和新理念的创新；盖茨则以商业为主，他一人包揽了销售员、技术负责人、律师、商务谈判员及总裁等职。在两人默契的配合下，微软掀起了一场至今未息的软件革命。有人说，没有比尔·盖茨，也许就不会有微软，但如果没有保罗·艾伦，比尔·盖茨也没有今天的成就。他们能走到一起，并非偶然，比尔·盖茨说过："有时决定你一生命运的在于你结交什么样的朋友。"换句话说，你与怎样的人交往决定了你的未来。

比尔·盖茨原来自己经营着微软公司，后来逐渐发现自己在经营管理方面有些力不从心，而且他自己真正的兴趣是在软件开发上。于是，他找到了自己的大学同学鲍尔默，希望他能出任微软的CEO，专门负责公司的运营管理。鲍尔默恰恰是个管理的天才，对管理工作充满热情与自信。正是如此，比尔·盖茨与鲍尔默之间形成了很好的互补，共同缔造了微软帝国的神话。

六、创造力

（一）为什么需要创造精神与创造能力

只有创造的生活才是真正值得过的生活。罗曼·罗兰也说过，我创造，所以我生存。生命的第一个行动是创造活动。没有创造的生活是一种平庸的堕落，是生命的退化与衰败。创造是人类的特性，人是通过创造和使用工具才成为真正的人；人是通过创造了文化符号才成为真正的智人。《中庸》言："苟日新，日日新，又日新。"文化及教育本身就是不断地传承与创造的过程。

没有创造精神的文化是死亡的文化，没有创造精神的教育是虚假的教育。然而综观现实，原本是激情四射、新意喷涌的生活被消磨得疲惫不堪、索然乏味——不少人不过是日复一日地重复着没有创造的生活。对于文化与教育而言也是如此，机械重复、新意不足、几无生机。比如，2009年，教育进展国际评估组织对全球21个国家进行的调查显示，中国孩子的计算能力排名世界第一，想象力却排名倒数第一，创造力排名倒数第五。诚如美国学者罗宾逊所言："我们并非长大了才有创造性，我们是在创造中成长。抑或说，我们是在创造过程中受教育。"从社会、生活、文化、教育、现状及人的成长来看，创造精神与创造能力的培养是极其重要的。

（二）创造能力是什么

创造对于人类社会来说可能更倾向于创造新的思想及新的产品，而对于教育及个体生命的成长来说，如皮亚杰先生所言，对大多数人来说，教育意味着努力引导儿童成为和他所处的社会中的典型成人一样的人……但对我来说，教育意味着培养创造者。尽管教育者中并不多，尽管一个人的创造比起别人的创造是有限的。但你必须培养造就创造者、革新家，而不是只会踩着别人的脚印走路的人。这里的创造并不是说开天辟地，不是说前无古人后无来者……而是拥有创造的意识，拥有创造新我的意识，经历一种"创造的过程"，拥有"创造的思维"，过一种"创造的生活"，体验一种"创造的乐趣"，而不是（或并不一定是）真正的科学家与发明家的伟大的发现与创造。对于个人来说，创造首先是冲破自己原先的认知、做法、规范与规则，从"通行法则"中蝉蜕而出，"昨日种种，譬如昨日死；今日种种，譬如今日生"。也就是说，创造精神与创造能力首先是对自己的突围，是"新我"；其次是对他人的突围，是"新人"；对习俗的突围，是"新风"；最后是对知识的突围，是"新知"……马斯洛在研究人类的潜能时指出：创造欲望和创造力是每一个人与生俱来的，它并不是某些领域和行业（如科技发明、文学艺术、理论学术）的特权，也不仅指称各种有创意的成品；它既指特殊才能的创造性，也指那种发自人格本身的、展现于日常生活中的一种倾向或态度，如不受压抑、比较放松、不怕嘲笑地表达，自然、幽默，不受陈规和成见的束缚，向经验开放，以问题为中心，独具慧眼的洞识，等等。后一种在马斯洛的理论中被称为自现者的创造力，他认为这种创造力在许多方面与快乐、好奇且有安全感的儿童所具有的创造力十分相似。

（三）应该培植学生哪些方面的创造素养

作为国际21世纪教育委员会向联合国教科文组织提交的报告，《教育——财富蕴藏其中》强调了"必须给教育确定新的目标，必须改变人们对教育作用的看法。扩大了的教育新概念应该使每一个人都发现、发挥和加强自己的创造潜力，也应有助于挖掘出隐藏在我们每个人身上的财富"。那么，一个拥有良好创造力的人具有怎样的特征？怎样发掘与培养学生的创造素养呢？首先我们要深刻理解创造能力或创造素养理应包含着好奇心，怀疑精神，批判意识，发散思维，动手操作能力……

1. 培植神圣的好奇心。是什么让我们在庸常的生活中葆有一份激情与乐趣？我们在平凡而庸碌的人生中如何超脱而出，卓然独立？拥有一颗好奇心，拥有一种创造的意识。创造是来源于对常见的、固有的事物、现象、生活或知识的一种"新鲜的发现"与"熟悉的惊奇"。人们被这些疑问与惊奇所触动着，不停地追问，不停地探索，欲罢不能，而在这期间就会有的发现，有的思考，有的创造。从某种意义上讲，创造是好奇心的产物。正如美国创造教育专家托兰斯所说："人是一种喜欢刨根问底的动物，即使没有什么问题要解决，他也不能使他那不安分的头脑不活动。他不断地探索事物，反复思考，努力建立新的组合，寻求新的关系和新的见识。"

培植好奇心，不能自我封闭，自以为是，而要摒弃成见，打开心灵，面朝世界，完全彻底地敞开自我。培植好奇心，面对世界不再是"有什么用"的实用主义态度，而是要抛弃名缰利锁，游心驰骋，追寻探索的趣味。培植好奇心就是培植一颗永不消逝的童心，就是人们常说的"科学家就是长大的儿童"。

【案例】英国作家菲奥纳·麦克唐纳为孩子们写的传记作品《阿尔伯特·爱因斯坦——改变我们宇宙观的科学巨人》中有这样一段故事：5岁时，爱因斯坦有一次生病躺在床上，他的父亲送给他一个指南针。指南针从表面看完全封闭、孤立而无法接近，但却似乎被一种看不见的力量掌握着，使它指向北方。为此爱因斯坦非常激动，他似乎意识到这些物体的背后深深隐藏着一些东西。这件普通的礼物成了他一生的转折点。从那时起，他就想要找出这种神秘的力量究竟是什么，而且逐步养成了他质疑思考的习惯。他对科学相当着迷，有时，他缠着父亲和叔父问这样的问题："黑暗是如何发生的？""太阳光是由什么组成的？""沿着一条光束传播会是什么样子？"正是自幼养成的好奇心、探究习惯，造就了这位伟大的科学家。

2. 培植独特的个性。创造性意味着与众不同，独一无二。而个性也是个体不同于其他人的重要特质。人与人的差异是微乎其微的，而这也许微不足道的差异，却决定了你不同于世界上任何一个人，决定了你的存在的意义与价值所在。正如比尔·布莱森在《万物简史》中称，我们也令人惊讶地相似。把你的基因和别的任何一个人对比，它们平均有大约99.9%是相同的，就是它们使得我们都属人类。这千分之一的小小基因差异——用英国遗传学家，最近获得诺贝尔奖的约翰·萨尔斯顿的话说，"每1000个核甘酸基中的约1个"就是赋予我们个性的基础。所以，我们必须培养自己的个性，甚至张扬自己的个性。因为没有任何一个缺乏个性随波逐流的人会拥有创意；没有任何一个缺乏个性人云亦云的人会拥有创见；唯有鲜明的个性，才会有鲜明的创造力。所以英国著名的教育家沛西·能引用哈罗公学校长诺伍德的话说："我们必须强调教育上的个性，学生的个性，教师的个性，学校的个性……因为，这是最关键的主张。如果这个主张丧失了，就一切都丧失了。"

【案例】《史蒂夫·乔布斯传》里记载了苹果公司作的广告词：致疯狂的人。他们特立独行。他们桀骜不驯。他们惹是生非。他们格格不入。他们用与众不同的眼光看待事物。他们不喜欢墨守成规。他们也不愿安于现状。你可以认同他们，反对他们，颂扬或是诋毁他们，但唯独不能漠视他们。因为他们改变了寻常事物。他们推动人类向前迈进。或许他们是别人眼里的疯子，但他们却是我们眼中的天才。因为只有那些疯狂到以为自己能够改变世界的人……才能真正改变世界。

3. 养成良好的创造性人格。著名的心理学家弗洛姆认为，具有健康人格的人是创造性的人。创造性是产生于良好的人格土壤的基础上的。"美国心理学家的研究表明，创造性思维和自我概念存在高相关。戴塔对一群儿童实施创造性思维的测验，按得分的情况，将其分成三组：高创造力组、低创造力组、无创造力组，然后，对他们在自我概念方面的基本特征加以测定，发现在自我认可、独立性、自主力、情绪坦率上高水平的被试者，同样也被鉴定为是高创造力者。"这些表明，创造性与人格因素有着血肉相连的关系。凡是富有创造力的人在人格特性上基本上呈现出如下一些特征：如聚精会神的专注力，持之以恒的毅力，融会贯通的思考力，出乎意料的想象力，超常脱俗的勇力，无拘无束的自由，不求名利的超越等等。林崇德教授也概括了创造性人格的五个特点：健康的情感，坚强的意志，积极的个性意识倾向性，刚毅的性格，良好的习惯。

"创造性的行动表示内在活动的状态，这并不是一定要生产出某种艺术和学术作品或某种有用的东西来。创造性是一种性格取向，每个感情健康的人都能够具有这种性格取向。"

4. 培植博通的知识及经验。一般而言，创造来自于对各学科、各领域知识的融会贯通，尤其来源于对生活与知识的融会贯通。各类知识之间会存在着一些尚未完全过渡衔接的部分，许多知识与生活之间也会存在着一些尚未弥合的缝隙。通过广博的阅读与丰富的生活经验积累，便可能见多识广，见多识深，见多识新。杨振宁教授认为：既然知识是互相渗透和扩展的，掌握知识的方法也应该与此相适应。当我们专心学习一门课程或潜心钻研一个课题时，如果有意识地把智慧的触角伸向邻近的知识领域，必然别有一番意境。在那些熟悉的知识链条中的一环，则很有可能得到意想不到的新发现。培植创造性，要有兼收并蓄、旁搜远绍的胸襟，纳万物于心底，容百家于怀里，熔铸百家自成一家。

5. 培植创造性思维。创造力培植的核心在于创造性思维的培养。著名的心理学家林崇德概括："创造性人才＝创造性思维＋创造性人格。"他提出了创造性思维的五个特点：新颖、独特且有意义的活动基础，思维加想象的内容，有"灵感"表现，分析思维与直觉思维相统一，发散思维与辐合思维相结合。基于此，我们应重在培养学生的发散性思维、批判性思维、联系性思维。发散性思维意味着心灵的开放与思想的自由，它不会画地为牢，固执一端。而是强调以多种眼光，从多个角度来观察现象与看待问题，以一知十、以百观一，有"横看成岭侧成峰，远近高低各不同"之丰富和多样，更易显出新意。批判性思维则是强调学生不循规蹈矩、不囿于成见、不守于定论，重新思考、审察、探究，从习以为常中发现"问题"，从千真万确中发掘"缺失"，从司空见惯中探察"异常"，尤其重要的是养成一种深思熟虑系统全面的考察与审辨的精神。约翰·查菲解释道："批判性思维不是仅指一种思维方法，而是指对包罗万象的世界进行认识的所有思维方式的总和。其中包括：一、能动性思维；二、独立思考；三、仔细研究情况或问题；四、乐于接受新事物和不同的观点；五、以论据和证据来支持自己的观点；六、有条理地讨论我们的想法。""万物相通，万象归宗"，世间万物万象都不是孤立存在的，必定与其他事物有着内在的联系。创造性思维有时就是在探索事物间的联系，就如同乔布斯所说的，创新就是把各种事物整合到一起。当你问有创意的人是如何创新的，他们可能会感到一丝负罪感，因为他们根本就没有创造什么，他们只是看到了一些联系。

6. 培植独特的解决问题能力。创造性还在于解决问题的思维与能力。具有创造素养的人，有着捕捉问题的敏感，分析问题的精密、细致与独具慧眼的深刻，有着统摄全局、从长计议的解决问题的清晰思路，有着相应的解决问题的策略：手段—目的分析式、分解式、假设检验式、顺向式、逆向式等。杜威先生的《民主主义与教育》认为：如果有一个人有一个真正的问题，它唤起他的好奇心，使他热切地寻求有助于解决问题的知识，同时他又具备相当的实行工具，那么这个人在理智上就是自由的了。他所具有的创造性的和富有想象力的远见都将发挥作用，并能控制他的冲动和习惯。这里就是说，问题的解决催发与促进了创造性思维的运用与发展。

7. 学习基础的创造方法。创造素养并非是天外来物、凭空而成，其丰富、复杂、微妙达到极致时确实是只能神而明之、可望而不可即。但是任是怎样出神入化的创造力，都需要基础方法的训练，即所谓"无定法，但有大法"。对于创造技法的研究日益众多，常见的有检核表法、分析借鉴法、触类旁通法、信息交合法、移花接木法等。通过对基础方法的学习，创造就不会陷入迷茫、不知所措、无从入手的境地。

8. 培植操作实践能力。从字源学角度上来看，"创造"的"创"字的本义是"用刀斧建造粮仓"；"造"字从辵（chuò），告声，本义表示"到；往某地去"。这两者都指向丰富的行动性与实践性。没有动手动脑就很难创造，没有行动就没有真正的创造，没有实践就没有创造。蒙台梭利提出，"人是通过工作塑造自己的"，"人是通过用双手的劳动来塑造自我的，他把手当作一种表现个性的工具，用手来表达自己的智慧和意愿，这一切有助于他去征服他的环境"。在动手实践操作中，一切皆动，一切皆活。动脑、动情、动心；眼活、心活、灵活。陶行知先生之所以提出"行动是老子"的观点，主要是强调以手化脑，以手化心，以手化智，通过手、通过行动促使知识及思想的转化，激活思想，激发创造。

【案例】《画家的诞生》（示）

法国的维克多从小就喜欢画画，14 岁时就小有成就。当时父亲带他去见好友毕加索，想让这位大师收他为徒。毕加索看了维克多的作品后，拒绝了好朋友的要求。毕加索说，如果您想让孩子成为一个真正的画家而不是要他成为毕加索第二，您就把他领回去让他自己去创作，他很有前途。

大约 40 年后，维克多的一幅画作第一次进入苏富比拍卖行就拍到了 160 万英镑。维克多成了有名的视幻艺术派的鼻祖。

另一位画家出自中国，他也从小喜欢画画，少有所成。他父亲又恰巧与国画大师张大千是好朋友。于是，恰好也在其 14 岁时，父亲带他及其画作去见大师。张大千见了这个孩子的画作很高兴，认为他是个天才，于是就收他为徒。

也是大约 40 年后，这位张大千徒弟的画作也进了苏富比的拍卖行，并且有一幅画被拍到了 30 万人民币。虽然比大师级的作品价格低了许多，但他和父亲都很满意。

就这样，在 20 世纪几乎同一个年代，法国美术界多了一个开创新流派的大师级画家，中国美术界多了一个张大千的真传弟子。

多少年来，我国的艺术界总信仰"名师出高徒"的理论。凡有天赋的孩子都想拜在某某名师门下，并以自己曾师承某某为荣。据说在法美等国家，如果说某人是某某大师的弟子或者从属于（而非开创）某某流派，就好像是骂他没有出息、没有个性、没有水平一样。

七、审美力

天地有大美。人生有大美。人心有大美……世界充满美：自然美、社会美、人性美、艺术美。美无处不在，无时不有。爱美之心，人皆有之。梁启超先生指出："我确信'美'是人类生活一要素，或者还是各种要素中之最要者，倘若在生活全内容中把'美'的成分抽出，恐怕便活得不自在，甚至活不成。"然而，美到底是什么呢？审美意味着什么？

审美意味着个体生命将自己的心灵舒展开来，用身心拥抱自然、社会、人生、艺术中引发心灵自由生长与率性翱翔的部分，生命获得超越物质与功利的情感的愉悦、沐浴般的洁净和明亮的宁静，获致一种"泯我物之限，超人我之阻"的生命体验，臻于"天人合一，万物有灵，众生有情，自由自在，其乐融融"的境地。在具体表现上为如痴如醉，如迷如恋，如颠如疯……审美在美学家们看来具有直觉性、情感性、愉悦性等特点。而审美素养则意味着对美的感受、发现、热爱，有基本的欣赏美的兴趣与能力，努力用自己的方式表现及表达自己捕捉到的美的形象及情感，在整个审美活动过程中获得了情智等综合素养的浸染与提升。

（一）审美素养是学生必修的核心素养

席勒在《审美书简》中写道：在力量的王国中，人与人以力相遇，因而人的活动受到限制；在伦理的王国中，人与人以法律相对峙，人仍要受到限制；只有在审美的王国中，人可能自由，去给予自由，因而会给社会带来和谐，也使人成为和谐的整体。正是美及审美给人类、社会、人生、生命成长带来如此多的美好、美丽与美妙，她就理所当然地成为了一个人终其一生需要拥有与修炼的核心素养之一，也就自然而然地成为学生必须学习与修炼的核心素养之一。

人的天性中就深含着美的种子。挪威的音乐教育家布约克沃尔德在《本能的缪斯——激活潜在的艺术灵性》中提出，儿童就是本能的缪斯，这种本能的缪斯是儿童与生俱来的一种能力，这种能力是通过韵律、节奏、身体的运动所表达出来的一种生存性的力量和创造性的力量。这种与生俱来的缪斯的这种本能,就是艺术化的本能,比如说音乐、诗歌、文学,它具有一种生存性的力量和创造性的力量。

人生需要美来引领。如何穿越荒芜、芜杂的尘世,于喧哗与骚动中发现青山绿水,探获安顿灵心的诗意的栖居?唯有审美。人生苦短,何以解忧,唯有审美!黑格尔指出:"审美带有令人解放的性质。"用美来抵御来自外界的一切寒冷和黑暗,并且可以化寒冷为温暖,化黑暗为灿烂。

人性需要审美来唤醒。"得至美而游乎至乐,谓之至人。"(《庄子·田子方》)审美是知、情、意、理、趣等因素的交融与交汇。因交汇间,人性在不断地获得陶冶与净化,从而走向纯明与纯净。因为有了审美的不断观察,心灵更走向丰富、走向开阔、走向细致。

生命的成长需要审美来滋养。刘再复先生在《教育、美育与人的生命质量》中引用王国维先生的话,认为,人只有当他具备审美能力时,才是"完全的人",教育就是要培育出"完全的人"。在审美的过程中,生命主体带着自己的知识背景,生活经验,生命阅历,全身心以赴,思维在此沸腾,情感在此激荡,灵感在此闪现,想象在此飞翔……生命消溶于智慧、直觉、激情、创造之中,从而又获得心灵的新"生"。这一过程是生命完全、彻底、全面、透明敞开与舒展的过程。

【案例】《放牛班的春天》中叙述了这样的一个故事:世界著名指挥家皮埃尔·莫昂克重回法国故地出席母亲的葬礼,他的旧友佩皮诺送给他一本陈旧的日记,看着这本当年音乐启蒙老师克莱门特·马修遗下的日记,皮埃尔慢慢品味着老师当年的心境,一幕幕童年的回忆也浮出自己记忆的深潭。克莱门特是一个才华横溢的音乐家,不过在1949年的法国乡村,他没有发展自己才华的机会,最终成为了一间名为"池塘底教养院"男子寄宿学校的助理教师。这所学校有一个外号叫"池塘之底",因为这里的学生大部分都是一些顽皮的儿童。到任后克莱门特发现学校的校长以残暴高压的手段管治这班问题少年,体罚在这里司空见惯。性格沉静的克莱门特尝试用自己的方法改善这种状况,闲时他会创作一些合唱曲,而令他惊奇的是这所寄宿学校竟然没有音乐课,他决定用音乐的方法来打开学生们封闭的心灵。克莱门特开始教学生们如何唱歌,但事情进展得并不顺利,一个最大的麻烦制造者就是皮埃尔·莫昂克。皮埃尔拥有天使的面孔和美妙的歌喉却有着令人头疼的调皮的性格，循循善诱的克莱门特把皮埃尔的音乐天赋挖掘出来。克莱门特用音乐催开了孩子们心中的花，让他们明白，自己原来不是活在地狱中，原来自己也是天使，原来野百合也有春天！克莱门特把这些孩子组建成一个合唱团，用音乐催开了他们心灵的花朵。

（二）审美素养包含：感受美的敏感力、欣赏美的品悟力、创造美的生命力

1. 感受美的敏感力，热爱美的深心。有些人在现实生活中显得寡欢少趣，心如有刺，与人言则语言无味，对自己则面目可憎。在鱼跃鸢飞、万紫千红、桃花灼灼、鸟鸣嘤嘤的大自然世界中，不少人视若无睹、充耳不闻。面对各色各样、流光溢彩的艺术瑰宝，很多人没有触动，没有感动，没有心灵的波动……一眼望去都是僵硬、呆板、机械、麻木、灰色、千篇一律、千人一面、按部就班——被浮躁与功利不断地牵制着，不断地主宰着，不断地诱逗着……许多人陷入了心灵生活的真空：在所有的精神生活方面，几乎失去了自己的趣味，放任这种刻骨的粗俗与乏味的世俗漫延与占领原本就那么脆弱、那么狭隘的内心世界。

缺乏美的感受力，立身如在囚牢，心如在桎梏，久而久之，灵动活力的生命便成了无动于衷的"空心人"，生命沉沦为一种简单的动物性的存在，从未深刻感受到宇宙里绽放出的美丽的光芒。华兹华斯的诗歌《永生的直觉》的最后一句写道："即便最不起眼的花，盛开的时候，也能让我思绪满怀，眼泪也无法表达。"但是，不少人无感的状态往往在堆积着心灵的死亡。

感知美就是培养敏感的审美心灵，学会感受各种各样的美，积累美的形象，感受美的兴味，拥有一颗软柔心。

培养敏感的审美心灵。许多人心为物役，神为尘劳，往往陷溺于"心盲"——处于对美的无感动状态。难怪，在人世间行走，会感到无限的寂寥与乏味。培植一颗对美有感受力的心，是唤醒生活，唤醒情趣的必由之路。要把自己从"尘世的牢狱"中解放出来，让被功利与实用主义包裹得严严实实的心灵释放出来，炼就一颗敏感的柔软心、慈悲心、赏爱心。鲍姆嘉登在《美学》中认为，审美正是通过敏锐的感受力"使心灵不仅可以凭借外在感官

去获取一切美的思维的原材料,而且可以凭借内在感官和最为内在的意愿去测定其他精神能力的变化和作用"。

学会感受各种各样的美。美不胜收,美不可言。美很难用概念来框限与规定。美的形式千变万化,美的内容丰富多彩,美的风格仪态万方。我们要善于感受各式各样的美:可以对着一朵花微笑,从一滴露水中发现心灵的透明与澄澈;从一声鸟鸣中感悟到天籁之音乐;从草的摇曳中洞悉姿态之美……从平平常常的细节中发现人性的光芒与明丽;从目光中探寻温明的心灵的力量;从线条色彩中感受另一个绚丽多姿的世界;从丰富多彩的艺术作品中发现爱与美是如何交织在一起,又是如何地渗入自由的心灵。还要学会感受千姿百态的美学风格:或优美或壮美,或诗意或崇高,或浪漫或现实或荒诞……开拓心灵,舒放心灵,美在其中。

积累美的形象。生活的无趣主要在于内心的荒芜。而内心的荒芜就是内心缺少生活形象与体验的储存,尤其是缺乏美的形象的提取与珍藏。眼下匆匆,心上了了,胸中草草——再美好的事物如果不用心去铭记,都会随风而散。所谓的"风流总被风吹雨打去"。感知美的同时,也要懂得珍惜美的每一瞬间,将其摄于眼、摄于心、摄于永远,酝酿成动人心魄的美景。

2. 欣赏美的品悟力,体验美的灵慧。感受美并获得丰富的审美情感、丰富的审美体验才能形成独特的审美价值追求、养成健康高雅的审美趣味。所以,审美力还包含着体验美与欣赏美的能力,即确立以"真"为美、以"善"为美的标准,以表现健康的人性及美好的生命祈向的审美对象为美,在身心物交融中享受欣赏美的过程。

美感常常闪烁于事物与眉睫、心神之间,那种直抵心灵的震撼、激荡、平和、温宁,在那时那刻是令人陶醉的。然而,也常常是如火石电光一般,一闪而过。我们强调要珍藏生活中所有的关于美的故事与形象,其意义也在于我们可以更细致、更真切、更深刻地去体验美。

学会欣赏不同的美。在感知形形色色的美学形态时,我们要开放胸怀,学会接纳,学会欣赏,不断地提高审美的品位。通过以身体之、以心验之的心灵之旅,获得各种不同的美学体验,陶冶审美的趣味与情操。

丰富美的情感。美感不是一种简单的快乐,而是一种丰富复杂的情感的复合、化合与组合。美的体验是与艺术作品或美的事物融为一体，重返心灵中的童年或故乡，升腾起一种原初的异恋与怀想，是心灵虚空而又充实的状态。同时，也可能将现实生活投射于作品之中，游心太玄，神迷心醉，探觅弥漫在心物间的生活的景象和未来的温润……既心物交融又神游物外。也就是说在欣赏的过程中赋予自己的想象与情感，获得心灵的共鸣与升华。

体验审美的快乐。审美的过程，一般而言是经历了感知、理解、欣赏、玩味这样的一些过程。富有审美眼光及欣赏力的人就是能充分体验审美的快乐。审美是一个触于物，感于心，翔于思，游于神的过程。这一过程，不是一种简单的情感可以一以概之或一以蔽之。真正的审美活动时常呈现为初见时的感动、感触、感怀，内心由此而浮想联翩，情不自禁地将自身的生活、经历、知识背景、文化等融入其间；接着，更有百般滋味与千番情绪，或是愁肠百结，发思古幽情，或是逸兴遄飞，凌风御虚……其后，酣畅淋漓或余味绵绵，恰如古诗中所云，神欢体自轻，意欲凌风翔——这其间是百感交集、千思汇合、万情婉转。

至此，我们就可体会到伽达默尔所说的，艺术品与我们打交道时带有亲近性，同时却以谜一般的方式成为对熟悉之一切的破坏与毁弃。在快乐的、惊人的震荡中揭示出的不仅是"你就是艺术"，艺术还对我们说："你须改变你的生活。"

3. 表现美的激情，创造美的生命。审美力的最终落脚点就在于创造美。美在创造，创造诞生美。人类社会的进化与文化的过程中很大程度上也是不断美化的过程。通过美的提升，人类告别兽性，回归人性，憧憬神性。是创造美的力量让人拥有不同凡响的价值与意义。当一个人意识到美与爱的存在，并努力学习创造美与爱的世界，那么，就是心灵的苏醒与生命的觉醒。马克思在《1844年经济学哲学手稿》中指出："人也按照美的规律来构造。"

培植提炼美的能力。创造美不是凭空达成，而是通过对现实社会的"审美"，在大千世界、芸芸众生中提炼出足以让人心旌摇荡、足以令人刻骨铭心的美的主题。从诸多的感触、感动、感悟中探寻引发"灵魂的歌唱"与"神经末梢的颤动"的灵光与火焰。用心灵之眼去凝视它，赋予它属于自己的独特的生命体验。宗白华先生在《美学散步》中描述：艺术心灵的诞生，在人生忘我的一刹那,即美学上所谓的"静照"。静照的起点在于空诸一切,心无挂碍,和世务暂时绝缘。这时一点觉心,静观万象,万象如在镜中,光明莹洁,而各得其所,呈现着它们各自的充实的、内在的、自由的生命,所谓的万物静观皆自得。这自得的、自由的各个生命在静默里吐露光辉。

尝试用丰富多彩的样式创造美。美的冲击波自外而内地震荡、扩散、充满全身心时,审美者不能茫然失措,而是凝心以对,并且调动全部的筋肉力量及精神力量,以神、以思、以智、以灵,作天马行空式的构思与想象。如刘勰在《文心雕龙·神思》中提到的:"夫神思方运,万涂竞萌,规矩虚位,刻镂无形。登山则情满于山,观海则意溢于海,我才之多少,将与风云而并驱矣。"在这个基础上,带着这种感觉寻找独特的艺术形态。为"美"赋形,为"美"立身。

创造生活中的美(创造身心和谐之美)或美的生活。高尔基说:"照天性说,人都是艺术家,他无论在什么地方,总是希望把美带到他的生活中去。"所有创造美的活动,都是指向于生活的"美"及"美"的生活。生命就在于"感受美,发现美,提炼美,创造美"。审美的价值与意义必须种植在生活与生命的土壤中才能生根发芽。我们不必是音乐家、画家、作家、建筑家,但是我们的生活与生命离不开诗意与美,离不开诗与美的创造。拥有审美素养的人,就饱含着对生活与生命的"新鲜感"与"开拓感",每天的生活都拥有一种生机勃勃、喷涌不息的激情和活力。在进行生活的美的创造的同时也完成了对自身的美的创造。

体验创造美的乐趣。创造美的过程,是一种冥思苦想,左思右想,想落天外,奇思妙想的过程。由物感兴,由事生情,触景生情,从而达到"思接千载,思通万里",在内心的运思中,乍时间可能灵感突发,如乔斯坦·贾德所描述的:"突然间好像所有的门、所有的抽屉都打开了,每个东西都自己滚了出来,这时我们就可以发现所有我们原本苦思不得的字句和意象。这就是潜意以苦为荣'盖子'被揭开了。我们可以称之为灵感。"一时之间,"千山万壑赴荆门""千树万树梨花开",心里盛满了情思与物象、记忆与未来的交织而成的意象,心中勃勃,情不可抑,沉湎其中,沉醉不知归路……此时此刻,便是一种心灵的"点头与歌唱"。而当创作完成之际,更是有着上帝造人般的成就感与幸福！

美是人类崇高而愉悦的生活目的。对于学生的成长而言，审美素养是其心灵结构中不可或缺的"公约数"。有了美就流光溢彩，有了生命力的激荡与反应；失去美就黯然失色，整个人生及生命活动成了索然无味的耗散与折磨。

【案例】《一堂耗时近百年的美德课》

著名的语言学家、中国的应用语言学之母李佩教授，被称作"中科院最美的玫瑰""中国最后一位贵族"。

李佩教授70多岁时在中国科学院大学每个星期要上四节课，有一位助教从她身上发现了一个现象：一个星期里，李佩在课堂上从没有穿过同一件衣服。今天穿马甲碎花连衣裙，明天就改换唐装外套，然后还会有小衫短装外套、绣花套头针织衫等，着装不但得体大方，还很漂亮。助教暗想：想不到赫赫有名的李教授竟然如此肤浅，因爱美而扮成"老来俏"。于是，他心生不屑，半开玩笑地对李佩说："李教授70岁尚且如此爱好装扮，可想年轻时的你走上讲坛，会是多么光彩照人。"不料，李佩却说："为人师表，保持自身的体面，是对学生的尊重。"

1997年，李佩唯一的亲人——女儿郭芹患癌症病逝。已经80岁的李佩，没有哭天抢地，更没有流泪，只是请了一周病假。假满后，她依然化上淡妆，挑一件紫红色旗袍穿上，拎着收录机，给中国科学院研究生院的博士生上英语课，但是她的声音明显沙哑了。

年近百岁，仍有许多客人来访。有学生、同行、政府官员，不管是谁，李佩都坚持整装，脸上要抹粉底、要描眉，已经很稀疏的白发要梳整齐，照镜子检查衣着是否得体。连护士小魏都觉得这太繁琐，就旁敲侧击地建议："李奶奶，今后咱只在接见政府官员和媒体采访时整整妆，其他来访就不要整装了，您这么大年纪了，起居不便，大家都能理解的。"李佩不紧不慢地说："小魏啊，我可不能因为年岁长于别人，就不尊重别人。"

李佩是美丽的玫瑰，优雅、美丽、坚强、凌厉。她的老朋友、中国科学院大学的同事颜基义教授这样评价她："李教授的外表便是一堂课，一堂花费了近百年时间讲给别人的美德课！"（《知识窗》文/唐启寿）

理想状态下的学生拥有怎样的核心素养？笔者认为，除了上述的"价值、思维、情感、学习、审美、合作、创造"等方面，还具有"信息、实践、倾听、表达"等要素（本书着重阐述前几个关键要素）。歌德说过，人如果在教育中运用自己的才能并把所有的才能结合起来，人就能够取得最高的成就。而运用与成就的过程中，人的情操获得陶冶，心灵获得提振，由此造就出"新人"。要铸造人（学生）的核心素养，必须通过各种各样的"知行""德才""情理""智勇"等核心能力与优秀品格相互渗透、相互汇聚、相互凝贯来成就。

第二章 核心素养的特征

作为生命个体，人何以成人？人又何以成为自己？很显然是由其核心素养内在地决定着其特性。那么什么是核心素养？核心素养应该具备怎样的特征呢？余文森教授认为：何谓素养？即素质和教养，并具有全面性（人的生命气象）、深刻性（进入人的血液神经系统，和人融为一体）、稳定性（一以贯之的表现和行为习惯）的特质。由此我们可以得到启发，核心素养根于心、生于恒、通于道，也就是核心素养在知情意行、情理智趣相渗相融、相激相荡中生长而成。它至少具有根本性、生长性、贯通性、综合性、弥漫性等几个特征。

第一节 根本性

"核心"两个字在意义上都指向根核与本心，即是根本性。"君子务本，本立而道生"。根深才能叶茂。老子在《道德经》中提出，浑根固柢，长生久视之道。只有立住根本，培根固元，才能生长得繁茂恒久。所谓的根本性就在于"一花一世界，一沙一宇宙"，从宇宙与世界的高度上来观察花与沙。在笔者看来，核心素养的根本性体现为拥有根本的知识、能力、思想、观念。

对于世界的认识，我们要追根溯源。世界纷繁复杂，如果没有独具慧根与慧眼，就会看不透现象，认不清万事万物，我们只能陷于迷茫与迷惘、无知无识。立住根本，探寻世界的本源，由此便可逐渐探明世界的真相，并获得内心的清明。《道德经》第五十二章写道："天下有始，以为天下母。既得其母，以知其子；既知其子，复守其母，没身不殆。"（天下有开始，以开始为天下本源。既然得到它的本源，以本源而知道本源的果实；既然知道本源的果实，返回职守果实的本源，身体死后没有危险。）

对于知识的把握，也是要立其根本。知识作为人类几千年的文明成果，可谓浩如烟海，任何一个人皓首穷经，所读的不过是沧海一粟。知识的更新变化是瞬息万变、日新月异。如果缺乏应对的智慧与能力，则个体拥有的一点知识就可能走向陈腐与枯死。正如庄子所说的，吾生也有涯，而知也无涯。以有涯随无涯，殆已。学海无涯，生活无垠，只有咬定青山不放松，才能任尔东西南北风。根本性的东西不会随风飘散，不会因一时一地而改变，而是具有恒久性。对于知识的学习与掌握要善于以约驭博。艾德勒提出以大观念来解读文化与世界。大观念即根本观念与根本思想，从大处着眼，再探索掌握根本结构、根本方法，那么在知识的海洋中才能"胜似闲庭信步"……不能舍本逐末或本末倒置，因为握住了根本，就是做到"问渠哪得清如许，为有源头活水来"。

立身处世也是要持守根本，返本开新。孟子云，无以小害大，无以贱害贵。养其小者为小人，养其大者为大人。世间万事，林林总总，琐琐屑屑。作为独立于天地之间的生命个体，如果沉溺于生活中鸡毛蒜皮的诸多琐事，就会陷入一望无际的平庸，随波逐流、泯然众人。若要自有树立，则要守住安身立命之根。守持大的根本与要义，想大问题，有大思想，具大智慧，以大观小，开创人生的大气象、大格局。

《大学》第一章中指出，其本乱而末治者，否矣。其所厚者薄，而其所薄者厚，未之有也。缺乏对根本的领悟与把握，所谓的核心素养就是无根之萍、无本之木。抓住根本，"养其根而俟其长"，厚其根本，"重根本则智慧生"，唯有这样核心素养才能不断地养成。

【案例】某大学教授给大学生们做了一个有趣的实验。教授从讲台下拿出一只装满大石块的大烧杯问学生："请问烧杯装满了没有？"学生们异口同声回答："装满了。"教授未作评价，伸手又从讲台下拿出一只装满小石子的杯子，高高举起，然后把小石子"哗哗"地全倒进了大烧杯里。教授又问："烧杯装满了没有？"学生有的说"装满了"，有的说"没装满"。教授仍没评价，又从讲台下拿出一只装满细沙子的杯子，高高举起，然后把沙子"沙沙"地倒入大烧杯里。教授笑问："装满了没有？"学生们没有声音了，他们不敢再轻率地回答。教授微笑着又从讲台下端出一杯水，高高举起，然后把水慢慢地倒入了大烧杯里。实验结束，教授正式发问："请问，这个实验说明了什么？"有的学生回答："看似满的东西其实没有满。"有的回答："人就如大杯子，说明人的潜能是无限的。"教授接着再问："假如我的大烧杯内先装满沙子或者是水，请问大石块还能放进去吗？"假如首先放进去的不是大石块而是小石子或沙子、水，那大石块还能放进去吗？（大石块就是核心素养的根本性的东西）

第二节　生长性

"核"字就喻示着种核，喻示着生长的力量。而素养的"养"字也是昭示着"养护""养成"的生长的意向。老子在《道德经》中提出"道生一，一生二，二生三，三生万物"，就是体现了生长性。何谓生长性？因拥有某种素养而向生命的深处深入发展，向人生的远处不断绵延，向生活的高处不断提高，向知识、思想、精神的细处不断求精。素养体现出来的生长性就是生生不息，不断成长。凡是不能促进知识、能力、思想、心灵等整体生命生长的，就不能称之为素养。生长就是一种内在的心灵倾向性，是兴趣、方法、努力、体验、价值等交融发展，延展向更美好的未来及无限的可能性。

【案例】《法拉第传》（秦关根）中写道：法拉第和他的先辈一样，研究电、磁，是为了了解自然，目标是知道、真理，而不是实用。他相信培根的名言"知识就是力量"，但是他并不追求知识的实用。如果他的目的是实用，那么他应该去搞蒸汽机、火车、轮船。在19世纪上半叶，那些才是发大财的事业。电磁学不过是自然哲学家手里的"小玩意儿"罢了。人们到皇家学院来，听法拉第讲演，看法拉第表演：劈劈啪啪的火花，爆裂，震响，把他们惊讶得目瞪口呆。然而在啧啧称赞之余，人们又常常会问："可是这一切有什么用呢?"碰到人家这样问他,法拉第总是反问一句:"小孩子有什么用?他会长大成人的。"这句话最早是富兰克林说的。当年人家问电有什么用,他就是这样回答。有一天,新上任的财政大臣格莱斯顿到皇家学院来听法拉第讲演,临走的时候也问他:"可是法拉第先生,这到底有什么用呢?""部长先生,说不定过不了多久,你能够抽它的税呢!"后来,电成了实用的东西,英国政府果真抽起电税来了。但这是几十年以后的事情,当时法拉第所关心的仍是各种"力"的相互关系。他已经发现了磁和电、电和化学反应、磁和光的关系。

这种生长性,往往是"初生之物,其形必陋",看起来无用,看起来不起眼,但是她就如同法拉第的研究一样,如同法拉第所说的"婴儿"一样,不断地成长,不断地创造生命的奇迹。

【案例】钱理群先生回忆他在中央大学附小(今南京师大附小)读四年级时,在老师的指导下,写了一篇作文,被老师推荐发表在"民国三十七年九月二十五日"即1948年9月26日的《中央日报》"儿童周刊"上,署名"中大附小钱理群"。这篇作文的题目是"假如我生了两只翅膀",写的是一个"飞到喜马拉雅山的最高峰,去眺望全中国的美景"的梦。这是他第一篇公开发表的文字。他说:"这样需要想象力的童年的梦奠定了我今天从事文学研究的基础。""它给我留下的记忆与影响是真正刻骨铭心、融入血液的。"

生长性是富有价值与活力的知识本身拥有的品质:苟日新,日日新,又日新。知识从来就不是一个一成不变的、静态僵化的符号集合,而是生动活泼、动态生成的过程。倘若知识只关注传承不注重创生,那么再广博的知识都可能会"油尽灯枯",甚至成为一种心灵与思想的负累。杜威指出,知识的记录,本是探索的结果和进一步探索的资源。有些人不顾知识记录所处的这种地位,把它看作就是知识。人们的心灵,成为它先前战胜环境的战利品的俘虏;他们不把这些战利品作为战胜未知事物的武器,却用来固定知识、事实和真理的意义。知识只是人们在探索过程中的一个记号,一个逗号,一个省略号,然而,许多人把它误用为句号,将一个支点看作了终点。

生长性是良好的教育本身之应有之义:杜威提出,教育即生长。教育就是生长,促进人不断地向上向善生长。生长性是健康生命体不断成长的方向与姿态：生命永远处于未完成状态，人生是不断地绽放的过程。罗杰斯用诗意的语言描述说：一个人是一个流程，而不是一种固定的静止的实体；是一条流动变幻之河，而不是一团固定的材料；是不断变化着的潜能之星座，而不是一组稳定的特征。核心素养的生长性表现为：源源不绝生长的动力、明晰正确的生长的方向、丰厚广博的生长的营养……

【案例】有一名记者采访一位诺贝尔奖获得者，问："您在哪所大学学到了您认为最重要的东西？"那位诺贝尔奖获得者平静地回答："在幼儿园。"记者接着问："您在幼儿园学到了什么呢？"诺贝尔奖获得者说："学到把自己的东西分一半给小伙伴；不是自己的东西不要拿；东西要放整齐；饭前便后要洗手；要诚实，不撒谎；打扰了别人要道歉；做错了事要改正；大自然很美，要仔细观察大自然。我一直是按幼儿园老师教的去做的。"这位诺贝尔奖获得者的答记者问告诉我们：一是良好的品行和习惯是一个人事业成功的基本条件，二是小时候受到的教育对人的终身发展作用非常大。

约翰·密尔提出，人性不是一架机器，不能按照一个模型铸造出来，又开动它毫厘不爽地去做替它规定好的工作；它毋宁像一棵树，需要生长并且从各方面发展起来，需要按照使它成为活东西的内在力量的趋向生长和发展起来。核心素养的生长如同一棵树的生长一样，其生长性拥有属于自己的种子与基因，拥有属于自己的生命节奏，拥有属于自己的成长密码。

第三节　贯通性

《论语》中记录着这么一段话：子曰："参乎，吾道一以贯之。"曾子曰："唯。"子出，门人问曰："何谓也？"曾子曰："夫子之道，忠恕而已矣。"孔子的学问与修为博大精深、炉火纯青，看似无迹可寻，然而仍有一线贯珠，以一总多。在笔者看来，能成就为生命的核心素养的，一定是贯通生命始终的，使学问与修为浑然一体，便可转知为识，转识为慧，转慧为命，使人受益终生。

贯通性意味着时空上的联通，即在时间上终身以之，"一生一世、一心一意、持之以恒"，也就是全神贯注于某一核心追求，整体生命便"众星拱月"般地凝聚与滋养着它。

【案例】1793 年 10 月 16 日，路易十六的王后玛丽·安特瓦纳特被判处死刑。走上断头台时玛丽王后不小心踩到了刽子手的脚，她因此留下了一生中最后也是最让所有法国人至今都脸红心疼的一句话："先生，我请求您的原谅，我不是有意的。"

【案例】夏衍临终前的一件事：夏衍病重住院。一天，病情恶化，护士连忙对他说："不要急，我去叫医生！"夏衍居然睁开眼，坐起来，扬起手，大声说："不是叫，是请！"说毕，倒在床上，便合上了双眼。

贯通性还意味着空间上随时随地如影随形，如魂附体地秉持某一精神理念，在日积月累中不断积淀与升华，从而形成融入血液中的不可移易的素养。贯通性意味着学习、生活及各学科的关联性，在特定的精神气质的观摄下，你中有我，我中有你，融合共能，即强调知行合一，知情意行一气融通，相辅相成。

【案例】在美国近代教育史上，有这样一段生动的记载："美国纽约州新监狱为了对犯人进行教育，经常开展体育活动。一次，在一场激烈的橄榄球比赛中，一个平素非常野蛮的杀人犯被人推倒而不还手，引起了监狱长的好奇心：为什么罪恶累累的杀人犯在运动场上会如此文明呢？这个杀人犯自白说：'如果我从小就经常参加比赛的话，今天就不至于坐监牢了。'"(《教育文摘》2013 年第 8 期)

贯通性有两种基本的形态，一是以某一根本思想、理念与观念来统摄生活与学习，如朱熹所说的"今日格一物，明日格一物，一旦豁然贯通，众物之表里精粗无不到，吾心之全体大用无不明"。如此推绎，则万物归根、万物归心。另一是在世间万象中不断地格物致知，格心致思，从七零八落、四分五裂的事物、知识中探寻共通的规律与性质，从而达到孟子所说的"博学而详说之，将以反说约也"。（广博地学习，详尽地解说，目的在于融会贯通后返归到简约去。出自《孟子》的《离娄章句下》）

贯通性打通文字与生活、文字与身心的壁障，让智慧与心灵向四面八方

49

打开。正因为贯通性,智慧便圆融通透,面对困难、困境、困顿可以举重若轻;正因为贯通性,求知、治学、为人等方面遇到问题就可以化一团乱麻为纲举目张,化拖泥带水、举步维艰为提纲挈领、简洁明快。

【案例】

门捷列夫是俄罗斯著名的科学家,提出了著名的"门捷列夫元素周期表"。

门捷列夫有一个学生,非常好学,很勤奋,除了大学所学的功课外,还读了不少的其他书籍。

门捷列夫当时很有名望,很受大家的尊敬。这让这个学生很羡慕,他觉得自己也很有学问啊,看了那么多书,懂得的东西也很多呀!为什么自己不是科学家,不受别人尊敬呢?

有一天,门捷列夫讲完课走出教室,这个学生实在憋不住了,赶出去追上门捷列夫:"教授,我能问一个问题吗?"

"可以啊,为什么不可以呢?"门捷列夫以为他学习上有什么疑问,"到我的办公室来吧。"

这个学生随教授走进办公室,门捷列夫问:"有什么地方不懂吗?""教授,我学化学很吃苦。""这我知道。""除了学校规定的科目外,我还读了很多书,我懂得知识也不少,为什么您是化学家,人们都很尊敬您,而不尊敬我呢?"

门捷列夫一愣,没想到这个学生提的是这个问题,他笑了笑说:"你瞧见我这个书柜了吗?"

学生点点头。

"它懂得的知识比我多得多,我脑子里装的东西可远比不上它,但我是化学家,它却不是化学家。你明白这是为什么吗?"

学生摇摇头。

"那回去好好想想吧。"门捷列夫笑着说。

那个学生回去后怎么也想不明白。又一次门捷列夫的课,讲到中途,门捷列夫说:"我给你们讲的,书本上说的都是死的,是前人总结出来的,重要的是,你们怎么把它变活,并让它们'长大'。"

那个学生一下子明白了,为什么书柜知道那么多知识,却不是化学家。其实要变活,要长大,就要懂得运用与贯通。

第四节　综合性

庄子说"道术将为天下裂",这是对于世界、学问及人生被撕裂与割裂的担忧。综合性源自对生命整体性的体认,是对生活丰富性的洞察,是对世界复杂性的探索。没有综合的视野,我们获得的认识是支离破碎的,是扭曲变形的;我们的生活,是片面的、是单层的;我们的生命是不完整的、是四分五裂的。

【案例】梁启超当年送儿子梁思成去美国读建筑学,临行之际谆谆教诲儿子说:"我很支持你去美国学建筑学,但是在学好功课的同时,你一定要多读点哲学和文学。"在梁启超看来,专业是用来工作的,而哲学和文学是可以滋润生活和人生的。几年前,中科院一位硕士生对100多位中科院院士进行过一次关于读书的问卷调查。有一道题目问:在你的人生事业中,对你影响最大的是哪一类书或哪几本书?在收回的80多份有效答卷中,这些搞理科或工科的老先生们,对这个问题的回答惊人的一致,他们都说对自己人生影响最大的是文学作品,是小时候读过的小说或诗歌。

古希腊哲学家、教育家柏拉图认为,综合性学习是学习的最高境界。世界是综合性的,知识是综合性的,人是综合性的,那么素养一定具有综合性的特征。正如杜威先生所说的,一切的学科,都是从唯一的大地和寄托在大地上的唯一的生活的各方面产生的。我们并没有一系列的分层的大地,一层是数学的,另一层是物理的,又一层是历史的,等等。在任何单独的那一层里,我们都不能生活得很长久。我们生活在各方面都关联在一起的一个世界里。一切的学科都是在这一伟大的共同世界的各种关联中产生的。核心素养就是在综合中不断地整合、化合、融合而成。

【案例】钱穆先生回忆早年求学经历时说,有一位徐姓数学老师,性格怪异,人称"徐疯子"。有一次月考,这位徐老师出了四道题,其中一题为:1－( )－( )－( )－( )……等于多少。钱穆思考了半天,忽然想到《庄子·天下篇》中有"一尺之棰,日取其半,万世不竭"之语,遂将答案写为"0……1",徐老师认为这个答案正确。他跟学生们说:"试试你们的聪明而已,答不中也没什么关系。"能把哲学问题转化成数学问题来考学生,并对答案持开放态度,这样的老师如今还有几人?

梁思成先生于1948年在清华大学作的名为"半个人的时代"的演讲里,抨击人的异化与畸形,许多人蜕变为半个人。而杨叔子先生认为时至今日,许多人退化为四分之一人、八分之一人,甚而不是人。综合性,不仅是各学科、各领域知识的综合,更重要的是追求完整的生命。教育要培育与塑造的是有丰富情感、有健康人格、有健全理智、有美好情趣的完整的人,而不是为了某种目的与实用价值训练一些"单面人"或"畸形人"(他们常常是在世俗功利的目标的导引下,生命中的某一功能、某一部位、某一机体被过度地开发,而生命的其他的功能、部位、机体因受到忽略而退化,导致生命整体发展失衡与倾斜)。人文素养与科学素养之于个体整体生命成长如鸟之两翼,车之两轮,不可有所偏废,不可有所抑扬。肖川先生提出:"在狭隘的学科观念背景下,过分地局限于本学科的知识与内容,不仅会禁锢教师自身思想的自由驰骋,也不利于我们培养视野开阔、才思敏捷、具有雄浑浩博的哲学气质的人才。""先进的教育理念应该是把教学过程视为:知识的建构＋情感丰富、细腻的纯化＋态度与价值观的形成和完善以及思想的升华＋智慧能力的培养。"

【案例】乔布斯在演讲中说到:"Reed 大学在那时提供的也许是全美最好的美术字课程。在这个大学里面的每个海报,每个抽屉的标签上面全都是漂亮的美术字……那是一种科学永远不能捕捉到的、美丽的、真实的精妙艺术,我发现那实在是太美妙了。当时看起来,这些东西在我的生命中好像都没有什么实际应用的可能,但是十年之后,当我们在设计第一台 Macintosh 电脑的时候,就不是那样了。我把当时我学的那些家伙全都设计进了 Mac。那是第一台使用了漂亮的印刷字体的电脑……"

【案例】郭元祥教授讲述了这样一个案例:有一节科学课讲的内容是水的

浮力。讲台上摆放着一个装满了水的透明玻璃缸、一大团橡皮泥和一把小刀。科学教师的这节课几乎都是在实验教学过程中完成的。教师操作实验过程中，学生进行观察和思考。第一个实验：教师用小刀切下一些橡皮泥，捏成团，放入水缸中。学生观察发现橡皮团沉入缸底，而水略有上升。第二个实验：教师再切下同样重量的橡皮泥，把橡皮泥捏成小船，放入水缸中。学生观察发现，小船浮在水面，橡皮船与水接触的面积扩大了许多。为什么同样重量的橡皮泥，有的会沉入水底，而有的会浮在水面呢？经过更细致的观察、比较和推理，学生理解了水的浮力性质和浮力定理的计算公式。看到这儿，本以为这节课就要结束了，可教师接着进行了第三个实验：教师又切下相同重量的橡皮泥，依然捏成团，放在小船上，学生发现小船承载着第二个橡皮团依然浮在水面。这时教师说："同样是橡皮泥，为什么有的沉入水底，有的浮在水面？那取决于它们各自在环境中的存在方式。一个人的生活也是这样，是成功还是失败，取决于自己在生活环境中的生活方式、行为方式和思维方式。而且，当你是一只小船的时候，你能否为别的人做点力所能及的事情？"

郭思乐教授提出"整体领悟与知识生命"，认为人固然可以一点一滴地学知识，但一点一滴的知识是缺少整体生命的。有如打成碎片的维纳斯不美，而整体的维纳斯才美一样，知识只有成为整体状态的时候，特别是对儿童的个体有整体意义的时候，它才呈现出其"生命"。整体知识可以是一部生动的历史、激动人心的活动、美丽的图画或者隽永的故事，它们或是沿着伟大追寻的足迹，或是依据自然形成的逻辑框架，或是观照生活需求的现实模型，生机勃勃地展开，从而对儿童产生永不枯竭的强大感染力和吸引力。

第五节　弥漫性

"文革"期间，有一位音乐家被下放到非常偏僻的农场去劳动。他每天的工作都一样，就是铡草。日复一日，年复一年。可6年后他平反归来，人们惊奇地发现，6年的苦难生活并没有使他憔悴衰老。有人问他那6年时间是怎么熬过来的,他笑笑说:"虽然铡草很辛苦,但我每一次铡草都是按四四拍的节拍铡草,也能铡出一曲曲美妙的音乐。"这就是音乐家的核心素养,将音乐渗透于每天的生活中,将常人认为的"屈辱的处罚"转化为"美妙的音乐"。核心素养弥漫于人的全身心,弥漫于个体生命生活的全时空。

核心素养不可生硬呆板地以数目计算测量,人们往往是无法测定其生长的过程,也无法测评其发展的程度。可以说核心素养是"视而不见、听而不闻、触而不及"的。然而,核心素养之于人又是实实在在地存在着,可觉可感、隐然有味、默然有韵。这就是核心素养养成过程及表现形态的最大的特性——弥漫性。

弥漫性表现在哪些方面呢?弥漫于人的一生,形成人一生自始至终、不离不弃的素质;弥漫于人的生活、学习、工作,不管是待人接物、为人处世、待己待事都不知不觉地散逸与灌注着属于其生命特性的东西;弥漫于人的整个身心之中,坐立行卧、一言一行、一颦一笑,无不自内而外地散发着"内在素养"焕发的光明与气息,即韩愈所谓的"笃实而生光辉"。弥漫性重要的特征是:具有融解力,不管是何事何物,都为其所融化、融解,成为独具风格的魅力。由外而内地吸收、蓄养、转化为"内力、内功、内蕴、内涵"。具有化有形为无形的"转化力",善于利用"无用之用""以无有入无间"……

1. 周流遍布,浃髓沦肌。这种弥漫性表现在如同氧气颗粒或血液遍布于全身心。更准确地说,核心素养就如同气息或灵魂散逸于身心之中。人们经常引用爱因斯坦的一句话来说明什么是素质——"当我们把学校里学习的知识都忘掉后,剩下来的就是素质"。不少人以为素质就是把学习的知识都忘掉了,恰恰也忘掉了爱因斯坦强调的"剩下来"的意味,只有"剩下来"的才能成素质,也才能成为核心素养。那么,剩下来的到底是什么呢?是不是所有"剩下来"的都能算是素质或是核心素养呢?外在的知识被时间剥落,而其营养与精华则留存于内心与生命的核心,这才可能构成素质与素养。也就是说,核心素养是超越知识、超越方法、超越技能,是一种"形而上"的"道",而不是简单的"形而下"的"器",其表现为人的"精气神""风味魂"与"情趣韵"。

【案例】纪晓岚在《阅微草堂笔记》中写过这样一则小故事,颇耐人寻味。爱堂先生言,闻有老学究夜行,忽遇其亡友,学究素刚直,亦不怖畏,问君何往,曰:吾为冥吏,至南村有所勾摄,适同路耳,因并行至一破屋。鬼曰:此文士庐也,问何以知之,曰:凡人白昼营营,性灵汨没,唯睡时一念不生,元神朗彻,胸中所读之书,字字皆吐光芒,自百窍而出,其状缥缈缤纷,烂如锦绣。学如郑孔,文如屈宋班马者,上烛霄汉,与星月争辉;次者数丈,次者数尺,以渐而差,极下者亦萤萤如一灯照映户牖,人不能见,唯鬼神见之耳。此室上光芒高七八尺,以是而知。学究问,我读书一生,睡中光芒当几许?鬼嗫嚅良久曰:昨过君塾,君方昼寝,见君胸中高头讲章一部,墨卷五六百篇,经文七八十篇,策略三四十篇,字字化为黑烟,笼罩屋上,诸生诵读之声,如在浓云密雾中,实未见光芒,不敢妄语。学究怒斥之,鬼大笑而去。

上述的故事喻示着:有些人读书学习化为光芒,有些人则化为黑烟。读书及学习能让心灵发光、心智发亮的就是化为核心素养,照亮自己的人生,心月朗朗;否则就是心灵的壅堵与生命的淤塞,知识成为生命的黑洞。能滋养生命的核心素养就是不熄的星光,自始至终、一以贯之地照彻学习及人生之路。美国著名的物理学家费曼先生在其学习及研究工作的过程中,"探究精神"完全成为其生命的核心。他生前做最后一次癌症手术时,医生告诉他,这次也许撑不过去了。他说:"如果是这样,拜托帮我把麻醉解除,让我处于清醒状态。""为什么?""我想知道生命终结时是什么感觉。"连自己死亡的状态也要探究,实在是探究精神不死啊!

核心素养是生于核、长于心,往往是凡胎肉眼看不见的。而能历历在目的,往往是"矫揉造作"与"装腔作势"的。也许乍看"煞有介事""甚嚣尘上",然而细品则是"索然无味""空花泡影"。相反,只有看似"漫不经心""随心所欲",实则"意味无穷""真气弥漫"。台湾著名美学家蒋勋先生在《美,看不见的竞争力》中写道:我很希望这个看不见的竞争力,就此在我们每一个人身上消失了,因为只有消失了,它才会长久存在。如果它一直表露、呈现在很多动作里,我相信它反而不是一个竞争力。可是,如果它像沙漠里的暗流一样潜藏在每个人的心里,它就会变成永远的竞争力,能够在这个岛屿的土地里,在每一个人的心里,真正变成一种长久可以拿出来使自己安定下来的力量。这里是讲"美",写得有些玄妙、玄虚,说其消失,其实意思是说其表面的形式消失,而其精神实质则永远保留,所谓的"皮毛落尽见真淳",所谓的"大道无形,道隐无名"……"竞争力"消失,也就是说过于刻意表现的东西慢慢消褪,那么,剩下的东西就是云淡风轻之后的"真如真吾",就是核心素养,所谓的"无为而有为"……其实,核心素养也当作如是观。

2. 搏之不得,大道无形。核心素养在个体生命成长及活动中可以说是生命之根、心灵之核,散发着诸多无形无影然又无所不在的影响与力量。其形态类似于古代的"道"——"惚兮恍兮、杳兮冥兮""无状之状,无物之象"。核心素养的生成就是"有无相生",在似有若无,若无似有的形态间。核心素养养成在于循序渐进,在于不知不觉间的潜移默化,在于无可计量、不可捉摸中积淀而成,在于若有若无中熏陶与感染。可以说它是处于"空"的状态。空则义理来居,空则有内在的运转与加工的自由的时空,而不是处于淤积状态,难以消化、活化,更不要奢望其出神入化。

【案例】《庄子》的《大宗师》中写道:颜回曰:"回益矣。"仲尼曰:"何谓也?"曰:"回忘仁义矣。"曰:"可矣,犹未也。"他日,复见,曰:"回益矣。"曰:"何谓也?"曰:"回忘礼乐矣。"曰:"可矣,犹未也。"他日,复见,曰:"回益矣。"曰:"何谓也?"曰:"回坐忘矣。"仲尼蹴然曰:"何谓坐忘?"颜回曰:"堕肢体,黜聪明,离形去智,同于大通,此谓坐忘。"仲尼曰:"同则无好也,化则无常也。而果其贤乎!丘也请从而后也。"颜回在自我体认中觉得一次比一次有进步,其主要原因就在于深刻认识了道德作为核心素养的关键不在于表面的文辞与礼仪,不在于浅层次的可见可操作的行为与规范,而是精神与思想的实质。于是,他忘"仁义""礼乐",以至于"坐忘"——忘却诸多的"牝牡精粗",知识及万事万物归化为"无色无味、无形无状"的精神的"一呼一吸"。

核心素养的形成及表现过程不是一种物理性的积累,也不是一种简单的化学性的提纯而是一种哲学性的升华。这过程要经历感性的观摄与积累,理性推绎与抽象,智性的凝练与提振,尤其重要的是要经由灵性的洗涤与润泽。就是在这个角度上可以说核心素养类似于老子《道德经》中所说的,为学日益，为道日损，损之又损，以至于无。核心素养是化为灵魂与血液的质素，看似无形无影，无象无物，然而却是周流洋溢，散发着其独有的魅力与生命气息。

核心素养生成过程中很重要的内心转化机制就是"化实为虚""化有为无""化物为神"，这种"心化"与"神化"的过程是米酝酿成酒的过程，是花酿成蜜的过程，是心灵的阳光与知识的叶绿素产生"光合作用"的过程。美国著名的学者、散文家爱默生说，知识及文本理论固然高尚，但写作者（其实学习者也是一样）"用自己的心灵重新进行安排，然后再把它表现出来。进去时是生活，出来时是真理；进去时是瞬息的行为，出来时是永恒的思想；进去时是日常的事务，出来时是诗。过去的死去的事实变成了现在的活生生的思想。它能站立、能行走，有时稳定，有时高飞，有时给人启示。它飞翔的高度、歌唱的长短都跟产生它们的心灵准确地成正比"。在纷纷纭纭的尘世间以心神及智慧的结构去含纳、去吞吐、去创生文化意义、思想意义及生命意义。百炼成丹、千炼成仙，从某种程度上讲，核心素养就是内蕴于生命深处的，经由知识淬炼而成的"仙丹"。

3. 以神用，不以迹用。核心素养有点来无踪去无影，其如来如去之意，可以说是"玄之又玄"，然而又偏偏是"听之不足闻，视之不足见，用之不足既"。可是核心素养到底是什么用法呢？答案是，无用之用方为大用。海子有句诗：天空一无所有，为何给我安慰。这里的天空给人的是心灵的安慰与思想的启迪还有生命的安顿，这就是无用之用。因为核心素养具有整体性、融会贯通性，就像杜威先生所说的，"人在本性和在常态中是一个整体。只有理智与情绪、意志与价值、事实与想象融合在一起，才能形成品性和智慧的整体"。而其形成过程也是弥漫性的，是"虚空"的状态，所以它的形成与作用也是"神龙见首不见尾"。

【案例】金庸小说《倚天屠龙记》中张无忌向张三丰学太极剑一段，就非常生动传神地描述了学习过程是如何融会知情意行，并在融化与归化中形成核心素养的。

张无忌大敌当前，要与剑术高手比剑，却不会剑术。于是张三丰当场传他太极剑法，半个时辰后对敌。张三丰当下站起身来，左手持剑，右手捏个剑法，双手成环，缓缓抬起，这起手式一展，跟着三环套月、大魁星、燕子抄水、左拦扫、右拦扫……一招招地演将下来，使到五十三式"指南针"，双手同时画圆，复成第五十四式"持剑归原"。张无忌不记招式，只是细看他剑招中"神在剑先、绵绵不绝"之意……只听张三丰问道："孩儿，你看清楚了没有？"张无忌道："看清楚了。"张三丰道："都记得了没有？"张无忌道："已忘记了一小半。"张三丰道："好，那也难为了你。你自己去想想罢。"张无忌低头默想。过了一会，张三丰问道："现下怎样了？"张无忌道："已忘记了一大半。"周颠失声叫道："糟糕！忘记得越来越多了。张真人，你这路剑法是很深奥，看一遍怎能记得？请你再使一遍给我们教主瞧瞧罢。"张三丰微笑道："好，我再使一遍。"提剑出招，演将起来。众人只看了数招，心下大奇，原来第二次所使，和第一次使的竟然没一招相同。周颠叫道："糟糕，糟糕！这可更加叫人糊涂啦。"张三丰画剑成圈，问道："孩儿，怎样啦？"张无忌道："还有三招没忘记。"张三丰点点头，放剑归座。张无忌在殿上缓缓踱了一个圈子，沉思半晌，又缓缓踱了半个圈子，抬起头来，满脸喜色，叫道："这我可全忘了，忘得干干净净的了。"张三丰道："不坏，不坏！忘得真快，你这就请八臂神剑指教罢！"……

  从张无忌的学习中，我们可以领悟到，学习不是学一招一式、一方一法，而是学习其精神、理念、思想、实质，通过生命的统摄，养心、养神、养性、养气、养灵。学习之以神，而用之以神。如同老子在《道德经》中谈到，"三十辐共一毂，当其无，有车之用。埏埴以为器，当其无，有器之用。凿户牖以为室，当其无，有室之用。故有之以为利，无之以为用"。这段话的意思是："车轮上的三十辐条汇集到一个毂中，有了车毂中空的地方，才有车的作用。揉合陶土做成器具，有了器皿中空的地方，才有器皿的作用。开凿门窗建造房屋，有了门窗四壁中空的地方，才有房屋的作用。所以'有'给人便利，'无'发挥了它的作用。"（陈鼓应）这里可说是指出了核心素养的作用，它可能不是直接的、立竿见影、一针见效的，而是以思想、精神、气质、内涵散发出其"柔和而坚韧的力量"。因为大其气象，创其思想，扩其精神，充其气质，厚其内涵，培根固本自然而然地"由内而外"地生长出其枝叶脉络。这时的作用是一种"无中生有""以无招胜有招"的过程。

这就意味着在教育教学中,核心素养的培养应以精神观念高于方法技巧,以思维价值高于规矩手段……学习过程即是法—术—道的提升过程……知必须转为慧与命,技必须进乎道与神。学习如果仅止于知识与方法,那么学习便无法化为力量与生命所在。掌握知识方法技巧,还要知道为什么要掌握这一知识方法技巧,在什么情境下用这种知识方法技巧,这种知识方法技巧的缺陷在哪里……而这些学习一定也是弥漫性的,即熏陶感染、情境陶冶、心灵感化、潜移默化、渐悟顿悟并行。由此,核心素养化为一种精神气质;化为一种思维品质;化为一种眼界胸怀;化为一种思想情怀;化为一种风范境界……

第三章　核心素养生长的奥秘

个体生命成长的"核心素养"就是类似于新儒家代表人物牟宗三先生倡导的"生命的学问",即所学的化为促进个体一生成长的思想、精神、气质,凡有所学皆成生命。牟宗三先生称,"对于生命学问的忽视,造成生命领域的荒凉与暗淡,甚至达到漆黑一团之境了"。同样,教育教学活动若忽视了"素养""核心素养"这一"生命学问",就会造成生命个体的荒凉与暗淡;若对生命、素养、核心素养的生长规律不甚了了,就会导致生命的"一团漆黑"。在笔者看来,核心素养就是能进入"生命中心"并能成为"生命中心"及"生命全部"的那些学习。那么,核心素养怎么进入生命并成为生命?其生长的规律与奥秘何在?

第一节　核心素养的生长是"慢功细活"的过程:渐积性

素养中的"素"可称为"平素"(即平日),而"养"可称为"养成",素养就是平素养成,也就是在每一天时时刻刻养成。这就意味着素养的形成是潜移默化、潜滋暗长的,不可能是一蹴而就,一朝一夕就可功德圆满。文化的化人之力与涵养之功是通过"轻拢慢捻、久滋长润",从而获得积淀,沉潜于每个生命的精气神之中。生命的成长是一个人人生不断地敞开的过程,是年长日久的渐积的过程。文化的浸润是一个日积月累的化育、化合,教育的成果也理所当然需要时间的耐心栽培。素养一定是时间的酝酿之中绽放的优雅美丽之花。钱理群先生说得好:"教育的急功近利、粗糙、急迫背后,仍然是教育本质的失落：人们不愿承认，教育是一个'慢活''细活'，是生命的潜移默化的过程，所谓'润物细无声'，教育的变化是极其缓慢、细微的，它需要生命的沉淀，需要'深耕细作的关注与规范'。"

从哲学角度上来看，人的成长是需要一生的时间来展开的。人永远处于"未完成"状态，处于不断"生成"状态。

从生物学角度上来看，人的成熟是一个慢的过程。人们考察动物的成熟期，发现越聪明的成熟期越长。以灵长类动物的成熟期为例，狐猴为2.5年，恒河猴为7.5年，大猩猩为10年，而人的成熟期长达20年。（郑也夫：《阅读生物学札记》，中国青年出版社，2004年版）

道德发展需要经历知情意行的综合锤炼的修行的过程。美国心理学家柯尔伯格把道德发展过程描述为三个水平六个阶段：一是前习俗水平：惩罚和服从的定向；朴素的利己主义的定向。二是习俗水平：好孩子定向；维护权威的定向。三是后习俗水平：墨守法规和契约的定向；个人的良心和原则的定向。

个体生命的认知及思维发展也是一个过程，著名的心理学家皮亚杰把它分成四个阶段：第一为感知运动阶段，第二为前运算阶段，第三为具体运算阶段，第四为形式运算阶段。

埃里克森的人格发展阶段理论，把人一生的成长与发展分为八个阶段，每一阶段都有明确的发展危机或任务，分别是：信任感对怀疑感；自主感对羞怯感；主动感对内疚感；勤奋感对自卑感；同一性对角色混乱；亲密对孤独；创造对停滞；完善对失望。

学习是一个过程，如《中庸》中就提出，学习要经历"博学、审问、慎思、明辨、笃行"一系列丰富的过程，这一过程需要时间的磨砺与锻打。

孔子也把人生的活动与秩序划分为如下几个阶段："吾十有五而志于学，三十而立，四十而不惑，五十而知天命，六十而耳顺，七十而从心所欲，不逾矩。"（《为政》）生命的成长是一个慢慢舒展的过程：知情思行，学识、才能、道德、人格的发展都是有阶段性的，都要经历一个个的过程，从稚嫩走向成熟，需要岁月的打磨与历练。素养的形成是一个静水流深，静水流长的过程；立竿见影的往往无法形影相随，而变得无踪无影……

教育是一种慢的艺术：过分地追求速度与所谓的效率，结果是"其勃也速，其灭也疾"。苏霍姆林斯基对此类做法是坚决反对的，他说："这样'快马加鞭'的速度即使对十分健康的孩子来讲，也是难于承受的，并且是有害的。脑力紧张过度，会使孩子的两眼无神，目光模糊，动作迟钝。孩子已经精疲力竭，他本该去换换新鲜空气，然后教师让他'拉套'，还是一个劲儿地催逼快、快……"

【案例】《植物之美》这本书中提到：海底有一种巨藻，最长者竟达500米，被誉为地球上最长的植物。与巨藻巨大的身材同样令人惊讶的是它的生长速度。在适宜的环境中，这种海底植物在一天之内就能生长30－60厘米，一年之内就能长到100米。而与之惊人的生长速度相比，它的寿命却异常短暂。通常巨藻只存活4－8年，12年是它的生命极限。与巨藻截然相反的是生长在美国西部的狐尾松。它的性子总是很磨蹭，它们的年轮在100年内增长不超过2.5厘米，即便活了几百年，很可能也不过一米高。但是狐尾松的寿命却长得惊人，通常在4000年至6000年之间。20世纪70年代美国加利福尼亚州曾发现一株存活的狐尾松，当时它已在那片土地上活了4786岁。正是这种慢慢来的性子锻造了狐尾松异常的坚韧、遒劲。教育之道，就应是自然之道。

【案例】台湾教育媒体人林文虎先生在《好老师在这里》一书中写了这样一个教育故事：

坐在最后面的阿昆显然整节课都没有动笔，他既没说话也没调皮捣蛋，什么事也没做，只是直挺挺地坐了整节课。杜老师没理由责备他，就任由他呆坐到下课铃响。下课收作品，杜老师看到阿昆送出来的空白纸张，他问阿昆："怎么没写？""老师不是说要对得起每一张纸吗？"阿昆回答得倒很自然，一点挑衅的味道也没有。老师点点头没说什么，收下了空白的宣纸。很快一星期又过去了，又是书法课。老师一样点檀香、播音乐，一样规定要"对得起每一张纸"。这节课杜老师偷偷地留心阿昆，发觉他只是把玩着手上的笔，没说话，没捣蛋，也没有任何写作的迹象，一样安静地在座位上坐了一整节课。杜老师没有打扰他，一样任由他枯坐到下课，一样收下了他那张空白的宣纸。第三周了，终于又到了书法课。虽然一样点檀香、播音乐，今天杜老师眼睛的余光总是不由自主地扫向阿昆。"耶！阿昆有动作了。"发现阿昆开始在纸上涂涂写写，杜老师压抑住兴奋又好奇的冲动，还是让整堂课按着平常的节奏进行。下课时，阿昆终于交上来一张写满文字的宣纸。那是一首创作童诗，描述"水源"这个小山村，是一首很感人的童诗。那晚，杜老师回到宿舍，一边批改孩子的作业一边莫名感动。等不及改完全部作业，拿起吉他，就着阿昆的童诗，他谱了一首《水源风光》的曲子。（《水源风光》，词：阿昆；曲：杜守正。水源风光好，鸟儿常飞，虫儿常叫；水源风光好，花儿常开，人儿常笑；大树公公常睡觉，小狗汪汪叫，四处真热闹。）隔天上课时，杜老师迫不及待地邀请孩子们一起唱这首新谱成的歌曲，孩子们边唱边和，还热闹地"轧"起歌来，很是感人。杜老师还发现阿昆不时闪亮得让人震撼的眼神。接下来的几天，全班还是疯狂地唱这首既轻快又简单的歌曲，感动也在阿昆和杜老师之间荡漾开来。

教学有时能迸出很有感觉的东西，没人知道它会在什么时间，会在什么地方出现。有时迸出的只是师生间一句简单的对话，有时却是一整篇文章，这不经意迸出的感觉却常常会有意想不到的深刻影响。多年以后，相信没有多少人还能记得学生时代的点点滴滴，但是那种迸出的感觉却可能在师生的生命中留下一辈子的痕迹。几星期前阿昆老是写了几个大字的作文留给老师的印象，在这首歌曲"很有感觉"的迸出中完全被改观了。就算离开小学已经好几年了，阿昆还是常常一脸认真地说："谢谢杜老师！"杜老师也真心地回应："谢谢阿昆。"

林文虎先生慨叹道，孩子纯朴、天真、简单的成就，原来正是教学的触媒和感动的来源。挖掘孩子的成就感，就像探勘甘美的泉水，只要细心观察，认真挖掘，耐心等待，总会有泉涌的机会。教师要学会执信与等待，并且学会放手。正如江晓燕老师说的，这样的放手，不是放弃，不是放任，更不是放纵，相反，它是适当的放开，是理性的放权，是真诚的放心。

第二节　核心素养的生长是"闳中肆外"的过程：内生性

核心素养的生长过程如同种子的生长过程。种子里封存着成长的密码与生命的地图。每一粒种子都是上帝与未来的缔约和承诺——拥有内在的心灵成长的奥秘与生成的规律。当种子积极倾听内在性灵的暗喻，听从内心的召唤，破译了成长的密码，生长就破壳而出。种子里酝酿着丰沛的梦想和巨大的时空。佛家有言，芥子须弥——芥子之微便可容纳须弥无限之山。这里就是喻示着种子的巨大的时空与无限的可能性。种子是与梦想、未来、远方和诗连在一起的。种子里发酵着无限的热爱与执著的努力。种子是自我的成就，用自己汲取的阳光与水分来滋育自己的灵魂，种子的力量是来自于自己的"心灯""心源""心光"。

在这一点上，著名教育家叶圣陶先生如此说："（教育像农业），农业是把种子种到地里，给它充分的合适的条件，如水、阳光、空气、肥料等等，让它自己发芽生长，自己开花结果……"核心素养是潜移默化、潜滋暗长的自然而然生长的过程。

这种内生性首先突显的是自主性。焕发自觉自主的精神，自我提升，自我挑战。真正的教育是自我教育，真正的学习是自我学习。德国著名的教育家第斯多惠认为，一个人要不主动学会些什么，他就一无所获，不堪造就。在美国密歇根州的伊普西兰蒂，有一所海斯可卜实验学校，研究者进行着一种把皮亚杰理论变为教育实践的实验，已经有20多年的历史了。实验对象是3—8岁的儿童。他们很重视儿童自我发动的主动学习，认为学习和发展不是什么简单的条件反射作用，年幼儿童是通过自我发动的活动而学习概念、培养兴趣和发展才能的。他们曾对两组3—20岁的儿童和成年人做过比较，一组是这所学校的毕业生，另一组是对比组，结果发现：这所学校的毕业生升学后的学习成绩较好；到了青壮年时就业的情况也较好，能自己养活自己，19岁前成为少年犯被捕的较对比组要少；女孩子在18岁时未婚而孕的比对比组少。家长们反映，他们的孩子在学校的表现是他们所希望的，孩子在家里愿意谈他们在学校正在进行的活动。

这里还饱含着内在的学习体验，内在的思维体验，内在的心灵成长体验。只有发自灵魂深处的热爱，知识的学习才会带着体温及期待、憧憬。学会享受学习的欣悦与快乐，也要学会迎纳学习的艰难，学不可以已，因为乐在其中矣，因为艰难困苦，玉汝于成。核心素养是内在心灵结构、思维结构、智慧结构在发生深刻的变化，由此而散发出独特的心灵力量、思维力量、智慧力量。缺乏对知识的热爱，缺乏对求知艰困的体验，缺乏经历求知过程的千曲百折的丰富体验，任何学习与课程都无法化为学生的血液、精神、气质，也就意味着无以成就学生的核心素养。

苏格拉底的父亲是雕刻师，一天，苏格拉底问正在雕刻石狮子的父亲，怎样才能成为一个好的雕刻师。父亲说："看！拿这头石狮子来说吧，我并不是在雕刻这头狮子，我只是在唤醒它。"父亲进一步解释说："狮子本来就沉睡在石块中，我只是将它从石头的监牢里解救出来而已。"

核心素养的养成也是一种内在的"唤醒"。核心素养是自内而外的"内源式""种子式"的生长。教育要做的事是有中生优，而无法做到"无中生有"。生命的成长有其根核，无根无基就无着无落，无所归依。素养的养成，就是要顺乎天性，应乎本心，循乎天然，唤醒其生命中固有的"梦芽"。生命从来是"吾性自足，不向外骛"。素养的培植是对于内心种子的唤醒，任何人都无法通过外在强加与灌输的方式来培养任何人的内在素养。如同柏拉图所批评的，"能把灵魂里原来没有的知识灌输到灵魂里去，好像他们能把视力放进瞎子的眼睛里去似的"。

【案例】国学大师钱穆先生曾回忆其早年的受教经历：他的启蒙先生钱伯圭年轻时曾游学于上海，是深藏不露的革命党人。一天，钱伯圭拉住10岁入学的钱穆问："听说你能读《三国演义》，是这样吗？"钱穆称是。老师告诉他："这样的书不要再读了。一开篇就说'天下大势，合久必分，分久必合，一治一乱'，这是因为中国历史走上了错路，才会这样。像现在欧洲的英、法等国，合了便不再分，治了便不再乱。我们以后该学他们。"一番教导，让钱穆顿觉"巨雷轰顶，全心震撼"。多年之后他回忆道，自己毕生所从事的治学研究，其最初动力都来自于老师的这一番启发。这就是超越的思想，这就是立心立魂的事业。

【案例】王云生在《王云生的中学化学教学主张》中写道：经常有上了大学或已经工作的但所学和所干与化学没有直接关系的校友，在回校探望化学老师时用抱歉的口吻说："老师，很不好意思，我几乎把您教给我的化学都还给您了，脑子里只剩下'H_2O'了。"

有一次，我对几位校友说："你们不搞化学，几乎忘了化学是正常的。人总在不断地学，也在不断地忘，但是学过的东西绝不会全部忘记。没有或不可能忘掉的是所学的学科知识中最珍贵的东西。它沉淀在人的头脑中，可以让人受用一生。就你们学过的化学而言，不会忘记的最珍贵的不是水的分子式，你们知道是什么吗？"

我说："人去世了，不管用什么方式（土葬、火葬、天葬、海葬）处理人的遗体，那百来斤的遗体里物质消失了吗？变成了什么？是上西天、下地狱，还是投胎转世？对此，不同宗教信仰的人们有不同的看法。你们的看法呢？"

大家七嘴八舌地讨论起来，最后一致认为，人死了，成人的遗体的每一个原子都没有消失。这些原子，散发到地球的各个角落，可能存在于一滴水中、一片树叶里、一朵云彩间、一粒泥土中，也可能在一只猫的身上……并且还可能不断地从一种物质转移到另一种物质中，从空间的一处转移到另一处。总之，人死了，无所在，无所不在。

我说："你们能得出这个结论，证明你们对所学的化学没有全忘记。在潜意识里，你们都认为组成物质的基本微粒——元素的原子，只要不发生核反应，都不会消失。在一定条件下，它们会重新组合，构成新的物质。这就是化学学习留给你们的最基本的也是宝贵的东西——你们已经形成了看待物质构成的元素观和微粒观。这是影响你们世界观、人生观的最宝贵的东西。老师教大家化学，没有白教，大家也没有白学。"

第三节　核心素养的生长是"和合共生"的过程：综合性

素养是一个复合体，立体丰富，相互联系，相互促进，相互交融，相生相济，即知行合一、情思交融、德智相映。美国著名的作家海明威在创作理论中提出"冰山原则"，他说："冰山运动之雄伟壮观，是因为它只有八分之一在水面上。"核心素养在个体生命的生活及学习中呈现出来的如"冰山一角""冰山的八分之一"，而这些卓立而起的"必备品格"与"关键能力"在基底中是你中有我、我中有你，盘根错节，甚至浑然一体，这一庞大的底座就是"冰山的八分之七"。

美国曾对 1311 位科学家进行了为期 5 年的追踪调查，从他们所获取的事业成就特别是创新成果来衡量，得出的结论是学历和经历丰富的"通才"往往取胜。这里的"通才"不应该仅仅理解为知识面的宽广，应该包括人的综合素养。有人问 20 世纪最伟大的大提琴家卡萨尔斯如何成为一名大提琴家，卡萨尔斯回答说：先成为一名优秀的、大写的人，然后成为一名优秀的、大写的音乐人，再然后就成为一名优秀的大提琴家。在这里，我们看到的是，生命的成长是完整的，融通的，只有完整才能完满与完美。也就是说，核心素养的形成过程离不开诸多素养的养润，也离不开各核心素养之间的相渗相生。

战国时，燕国太子丹百般讨好荆轲，为的是让荆轲去刺秦王，就特意宴请他。宴会上，太子丹叫来一个能琴善乐的美女，为荆轲弹琴助兴，荆轲听到这悦耳的琴声，看着那纤细、白嫩、灵巧的双手，不禁魂飞天外，连连称赞："好手！好手！"并一再表示"但爱其手"。听到荆轲的称赞，太子丹立即命人将美人的双手斩断，放到一个盘子里，送给荆轲。这一趣例说明什么？手是人体的一个有机组成部分，依赖于人体，脱离人体的手，就不再是真正意义上的手了（将失去美丽和功能）。太子丹的荒唐可笑之处，在于割裂了作为部分的手与整体的身的联系，只见部分，不见整体。说明部分离不开整体，离开整体，部分将不复存在。从核心素养养成这一角度上来看，缺乏整体性、完整性、关联性，核心素养将难以健全生长与蓬勃发展。

核心素养就如同人体成长所需的蛋白质、脂类、碳水化合物等宏量营养素；而其他一般素养如人体成长时必需的一些微量营养素，如矿物质和维生素等。人体成长所需的诸多营养素不是互不相干，各自为政的，而是分工合作，互为影响，为人体的健康提供源源不断的能量。

这就意味着在教育教学中，我们要关注知识及学习的完整性，即要理解知识产生的来龙去脉、前因后果——背景、意义、作用、过程、应用情境、效果及局限性等等；要关注知识及学习过程中的知识、能力、过程、方法、情感、态度、价值观的有机整合；要关注各学科各领域内部及外部的融会贯通；要关注与生活、活动等等实践的相互交汇与融通……苏联著名教育家洛扎诺夫提出，教育教学必须遵循完整性原则。这一原则要求任何正在进入心灵的印象，在未深入和未完成同心灵的相互作用之前不能被其他印象所打断……这一原则要求不能过于细碎地分割知识和感觉，这种分割的知识虽然也能被接受，但已完全不是原来的那个样子，不是它们的本来面目，失去了完整性，这样，它们就缺少了文化和教育的意义。

【案例】《另一个世界的入口》（林帝浣）

一个做企业的朋友，有一次和他去海岛旅游，在海边钓上了一些小鱼，竟然中邪一样爱上了海钓，一发不可收拾。他的梦想是要钓上一条两斤重以上的石斑鱼。

当然，我们知道，要在渔业资源枯竭的南中国海，钓上一条超过一斤的野生石斑鱼，并不是容易的事情。

那个朋友，花了大量的时间，研究矶钓装备和鱼饵，短短时间里，成了上知天文气压，下晓地理潮汐的专家。两斤的鱼还没钓到，花的时间金钱都够买一吨石斑鱼了。

后来，有一次又和他去珠海的海岛上钓鱼，在大海中一块孤零零的礁石上过夜，用便携小煤气炉煮鲮鱼和方便面做晚餐，天微微亮时，朝霞红透了无边无际的海面，海浪拍打着脚下的礁石，数不清的海鸥绕着小岛飞舞，日出光芒万丈浮云开合。是不是很诗意的场景呢？其实我们不过是为了钓一条两斤的石斑鱼而已。

那次，鱼依旧没钓到，但那天壮丽的海上日出，是很少有人能看到的。

对那个朋友来说，诗和远方都归结成了一条鱼，那个等鱼上钩的孤独身影，就是诗，而那些为了钓到鱼而涉猎的天文地理知识，则成了他的远方。

我们知道，大气气压高的时候，水中氧气充分，鱼儿摄食旺盛，热爱咬钩。我那个朋友，每次要跟客户谈生意签合同，总要上观天象，挑个气压高的日子。

我们也知道，天文大潮时，鱼儿运动活跃，不爱摄食只想狂游，我那个朋友，每次要开激励员工的大会时，都要下闻地理，找个天文大潮的时间。

后来，我朋友说，最近生意顺利，赚到十吨石斑鱼了。

当然，钓鱼说不上多高大上，但这点小小的爱好，却是个打开另一个世界的入口。

【案例】

《南华早报》的总编辑郑维先生，曾讲过新加坡中学的一次课后作业。

作业以小组课题的方式进行，不是我们这边闷头把书本上的结论抄多少遍。一个小组五个人，一个组织者，五人共同讨论如何完成课题。

第一阶段：抛出课题。

希特勒统治下的德国，是否有给德国人民带来了好处？随着课题扔给孩子们的，是长长的书单。

话说郑维先生一看这课题，就惊呆了。有没有搞错？希特勒何许人也？杀人魔头是也。一个杀人狂魔，你竟然敢问他是不是给德国人民带来了好处，这要是在某些地方，这老师是不想干了吧？

可是孩子不管那么多，作业就是作业，立即急如星火地进入第二阶段。

第二阶段：查资料。

老师给的书单超长，即使是不看内容只翻书页，那也来不及。所以小组的组织者就要分配任务，每人各查几本书，限定时间内读完相关章节，画出相关部分，摘录出来以电子邮件的形式向组织者汇报。

老师说，资料内容不限于他所指定的这些书，如果你想要个好成绩，嘿嘿，最好拿几本老师都没读过的书。于是孩子们人手几本大厚书，什么《第三帝国的兴亡》《希特勒暗堡》之类的，开始疯狂阅读。书读了一大堆，资料也搜集了无数，进入第三个阶段。

第三阶段：定义。

就是确定概念的具体含义。这个定义不可以随心所欲胡来，必须要公正客观，拿到任何一个地方都说得过去。

孩子们首先被"德国人民"，这一关给难住了。谁算是德国人民呢？谁又不算呢？是拥有德国国籍的人才算德国人民，还是只要居住在德国就算是德国人民？

孩子们定义不了，就去找老师。老师笑眯眯地回答："随便，这事你说了算——哪个定义最能体现出希特勒的影响，就用哪一个。"唉，这可愁死孩子们了。最后孩子们用了后一个，只要居住在德国，就是德国人民。

为什么要用这个呢？这就看出定义的价值了。不使用这个，那么凡是被希特勒屠杀的，按希特勒本人的看法，他们都不算人民。可如果一个人有良知，同情悲悯那些被屠杀的犹太人，就不可能把他们从人民中排除出去！

就这么一个定义，让孩子们顿时恍然大悟：定义会说话，如果定义错了，你整个人都错了。如果你听到有人振振有词却嗜血无度，你就知道，对方是先行从定义这里动了手脚。如果你不认真，就会被牵着鼻子走。

第四阶段：绘制图表。

从政治、经济、社会、军事政策等各个角度，展开讨论。这一讨论就炸了，咦，你看这个希特勒，他也不赖嘛。他上台后大力发展军工，解决了500万失业人口的就业问题。这难道不是好处吗？而且，战争之时，希特勒组织500万工人，修铁路修公路，发工资有饭吃，这难道不是好处吗？还有，希特勒不光是组织工人劳动吃饭，连娱乐都没耽误，经常性的群众集会高歌。而且成年人可以买轿车，年轻人可以飙摩托，这还不够吗？分析过这个，再看看工人们的具体情况，就有点不对了。当时，所有的工人全被裹胁进德国工人阵线里头，他们没有罢工的权利，不允许加薪，不允许改善劳工环境，只有高强度的劳作，有时候甚至每周要工作72个小时。除此之外，工人收入中的很大一部分，还被希特勒控制的工会拿走支配。这些工人无异于奴工，怎么可能有快乐可言？还有，年轻人是没有工作权利的，他们必须要上战场。

而老年人要延迟退休，无休无止地工作……还有，工作岗位奇缺，女性被欺骗早早辞工，让位给上了年纪的老爷爷……

两方面的资料比对，孩子们就对希特勒时代的德国有了个全面而客观的认识。

第五阶段：完成论文。

有了前面全面的分析，最不擅长于写的孩子，此时也是把键盘敲得噼里啪啦响。结论是显而易见的：希特勒时代，表面上好像给德国人解决了失业人口问题，但实际上，高密度化的组织，剥夺了工人的正常选择。他们被迫从事无休止的繁重劳作，个人权利却无丝毫保障，工人的生活并没有丝毫改善，反而是每况愈下。任何一个奴隶主都可以宣称，他手下的奴隶没一个失业的，但那绝对不是奴工们想要的。

第六阶段：现场质辩。

小组的课题报告，倘有资料不全、结论片面的缺陷，就立即会遭到其他小组的炮轰，一旦被轰到丢盔卸甲溃不成军，你这成绩可就惨了——基本上来说，这种情况根本不会出现。当你沉下心，花很大精力钻研某个课题时，就很难会有思虑不周的把柄留给别人了。

第四节 核心素养的生长是"交往活动"的过程：活动性

生命个体要从自然人走向社会人，很大程度上是通过交往与活动来得以实现的（当然从广义上来讲，交往也是人类的一种活动）。交往与活动不但在于培养学生的"自主发展、社会参与"方面的核心素养，而且还对"文化基础"方面的核心素养是大有裨益的。苏联心理学家维果茨基认为，"人类的学习是在人与人之间的交往过程中进行的，是一种社会活动"。意大利教育家蒙台梭利指出："我们看到儿童欣喜若狂、毫不疲倦地从事工作，因为他的活动就像一种心理的新陈代谢，只有通过这种新陈代谢，他才能不断成长。"笔者曾经在一篇文章中提出："唯有自由的活动才有自由的发展。"活动意味着什么呢？自由的时空用于自由的活动。只有"活"才能"动"，只有"动"才能"活"，身心两方面都是如此。心智世界的活力取决于生命的运动状态；思想的灵动也是取决于生命本身具有的活性因素。

脑研究中最令人兴奋的发现之一，是美国加利福尼亚伯克利大学的研究，经过40年观察老鼠的脑来研究其解剖特征，得出结论：生活在"丰富"环境中的老鼠大脑比来自"贫瘠"环境的老鼠大脑要重。他们的大量数据表明，如果通过与环境的相互作用激发脑，脑将会在生理上获得生长。在老鼠实验中，贫瘠环境是这样组成的，即每只老鼠都是单独的笼子，笼子都有坚固的墙，这样老鼠之间互相看不到，也接触不到。笼子被放在隔离的、安静的、光线微弱的房间里。在丰富的环境中，老鼠住在大笼中，10－12个一组，有梯子、轮子、盒子和平台等组成的玩具。笼子被放在大的、明亮的房间里；玩具（从大量的存货中选择）每天都变。在极度丰富的环境中，老鼠每天都参加一个在大场地中的探索活动，它们5或6个一组，有栏杆拦着，且这些栏杆的图案每天都变。在丰富环境中长大的小老鼠，两个星期后就与那些在贫瘠环境中长大的小老鼠表现不同。前者大脑的一般感觉区域要比后者的厚10%，感觉整合区要厚14%，同时前者的脑血管直径也增加了。也就是说，在交往与活动中成长的老鼠，比不交往、不活动的老鼠更聪明，探索能力更强，社会适应性更强。（美国雷纳特·N. 开恩：《创设联结：教学与人脑》，第25－26页，华东师范大学出版社，2004年）

活动与交往是身体向世界的敞开，是心灵向世界的敞开，是一种身体性的学习，世界万事万物"走进"身体、"走进"心灵，并向个体生命敞开"智慧之门"。刘良华教授曾经给教育学做了一个分类：身体教育学和知识教育学。"知识教育学只关注学生的脑袋，其他部分基本不管，而且常常贬低、压制、压迫脑袋以下的部分。这种知识教育学实际上是制造一些'粗脖子人''病态人'的教育学，它的成品是畸形的、扭曲的所谓'人才'。这种教育学由此可以称为'变态教育学'。身体教育学关注整个身体的发展，而不只是关注脑袋的发展。如果把人才的素质分为德、智、体、美、劳五个要素，那么，'知识教育学'几乎只负责'智育'，身体教育学关注德育、体育、美育、劳动。"从某种意义上来说，身体教育学的本质就是活动教育学。在活动中，人的精神、心智、思想、毅力不断得到哺育，不断得到成长。

美国教育家杜威认为，"'从做中学'是教育的基本原则，教学过程应该就是'做'的过程。儿童生来就有一种要做事和要工作的愿望，对活动具有强烈的兴趣，对此要给予特别的重视。'从做中学'也就是'从活动中学''从经验中学'，它使得学校里知识的获得与生活过程中的活动联系了起来"。在美国，有"4H（Head，Heart，Hand，Health）教育"，它是美国提高青少年素质的一种教育理念和实践，其誓言是："让我脑有更清晰的思路，让我心怀更大的忠诚，让我手做出更大的贡献，让我身健康地生存——为了我的组织、社区、祖国和世界。"其模式是"做中学"，项目集中在科技、健康、公民意识三个领域，有1000多种活动，采用专题活动、夏令营的方式进行。

在我们的教育教学活动中，我们要积极倡导活动体的学习、体验化的学习、实践性的学习。瑞士心理学家皮亚杰认为，"个体的发展实际上就是练习、经验、对环境的作用等意义上的大量活动的产物"。素养的形成是一种生活化、心灵化、生命化的创生过程。素养不是简单的知识的堆积和搬运，而是知识的加温、再生产及生命化的践履。这里经历着知识的探究、体验、检验等过程，所获得的是富有知识的背景、拥有知识产生的过程及知识的运用，在此过程中诞生的是种种积极的心理体验、情感方式，从中感受到思想的尊严与快乐，找到属于自己的生命体认。

【案例】

阿普顿是普林斯顿大学数学系的高材生，毕业后被安排在爱迪生身边工作。他对依靠自学而没有文凭的爱迪生很不以为然，常常露出一种讥讽的神态。可是，一件小事却使他对爱迪生的态度有了根本的改变。

一次，爱迪生要阿普顿算出梨形玻璃泡的容积，阿普顿点点头，想这么简单的事一会儿就行了。只见他拿来梨形玻璃泡，用尺上下量了几遍，再按照式样在纸上画好草图，列出了一道算式，算来算去，算得满头大汗仍没算出来。一连换了几十个公式，还是没结果，阿普顿急得满脸通红，狼狈不堪。爱迪生在实验室等了很久，不见结果，觉得奇怪，便走到阿普顿的工作间，看到几张白纸上密密麻麻的算式，便笑笑说："您这样计算太浪费时间了。"只见爱迪生拿来一些水，将水倒进玻璃泡内，交给阿普顿说："再找个量筒来就知道答案了。"阿普顿茅塞顿开，终于对爱迪生敬服，最后成为爱迪生事业上的好助手。

  著名的教育家陶行知先生的改名故事，可以给我们带来更多的启迪。陶行知原名陶文俊，1910年在金陵大学读书时，敬慕王阳明的哲学思想，奉"知为行之始，行是知之成"为至理名言，于是改名为陶知行。后来在晓庄学校工作期间，他的思想在实践中发生巨变，对知行关系有了新的认识。1931年他写了一首短诗《三代人》："行动是老子，知识是儿子，创造是孙子。"到1934年7月16日，他在《生活教育》半月刊上公开声明，改名为陶行知。他曾解释说，我的理论就是行—知—行。晚年时，陶行知先生把"行"和"知"两个字合写成一个字，读"gàn"，强调的是"知行合一"。回溯陶行知改名的过程，自始至终是围绕着"知与行"的关系来思考。

  知之深不深，思之真不真，就看作之深不深、切不切。我们经常说，"心灵手巧"，而从心理与思维发展的角度上来看，常常是"手巧"，才能"心灵"。手的活动，是人类智慧诞生的源泉所在，是生命活动的镜子。正是这样，陶行知先生说要将"伪知识"化为"真知识"，其灵丹妙药就是"手化脑"——被僵化及无活力的知识壅塞、窒息的大脑，需要双手行动来解放与释放其思维能量。空有书本知识而不加以思考是糊涂与盲目；空有书本知识而不行动的思考是胡思乱想、空中楼阁；唯有知思行合一，才能内化形成以一知十、以一总多的素养。

第四章　核心素养养成的课堂教学策略

课堂教学的核心是养护及促进学生核心素养的发展。缺乏核心素养指向的教学是苍白无力的，它无法为学生的生命个体融汇情理智趣的营养，无法凝聚灵魂的深刻性。核心素养的养成就是一种由外而内的转化、内化、活化的过程。正如叶澜教授所说，"把外在的知识、价值观念和规范等文化转化为个人的内在精神，是教育活动中最本质的转化"。课堂教学的大境界意味着能力的培养与生命的涵养。教育教学倘能臻达大境界，即为生命奠基，为人生之初立魂——要培植学生一生能带得走、用得上的知识、精神、生命的核心素养。核心，意味着核之所在，心之所向。那么，要养护及培植学生的核心素养，我们的课堂应该拥有哪些与之相配称的教学策略呢？"联系""以学为中心""深度学习"的课堂策略，可以有效地促进学习与素养、学习与生命的转化，真正实现"人文底蕴、科学精神、学会学习、健康生活、责任担当、实践创新"等核心素养的生长，心与知长，习与化成，转知为智，转慧为命。

第一节　深度化学习：为核心素养立魂

为什么课堂中有许多学习无法给学生带来深刻的印象及持续的影响呢？为什么我们日常学习生活中常常感觉很多时候是学了如同未学？为什么我们的学习会如"风过疏竹而不留声，雁过寒潭而不留影"呢？为什么我们的学习无法成为构造我们生命素养的核心能量呢？笔者以为，这是由于我们的许多学习缺乏深入人心的深度、缺乏感人至深的深度、缺乏发人深省的深度

——我们缺乏一种深度的学习。

那什么是深度学习呢？请看《钢琴家"刁难"学生》的故事。一位音乐系的学生走进练习室。在钢琴上，摆着一份全新的乐谱。"超高难度……"他翻着乐谱，喃喃自语，感觉自己对弹奏钢琴的信心似乎跌到谷底，消靡殆尽。已经三个月了！自从跟了这位新的指导教授之后，他不知道为什么教授要以这种方式整人。勉强打起精神，他开始用自己的十指奋战、奋战、奋战……琴音盖住了教室外面教授走来的脚步声。指导教授是个极其有名的音乐大师。授课的第一天，他给自己的新学生一份乐谱。"试试看吧！"他说。乐谱的难度颇高，学生弹得生涩僵滞、错误百出。"还不成熟，回去好好练习！"教授在下课时，如此叮嘱学生。学生练习了一个星期，第二周上课时正准备让教授验收，没想到教授又给他一份难度更高的乐谱，"试试看吧！"上星期的课教授也没提。学生再次挣扎于更高难度的技巧挑战。第三周，更难的乐谱又出现了。同样的情形持续着，学生每次在课堂上都被一份新的乐谱所困扰，然后把它带回去练习，接着再回到课堂上，重新面临两倍难度的乐谱，却怎么样都追不上进度，一点也没有因为上周的练习而有驾轻就熟的感觉。学生感到越来越不舒服、沮丧和气馁。教授走进练习室。学生再也忍不住了，他必须向钢琴大师提出这三个月来何以不断折磨自己的质疑。教授没开口，他抽出最早的那份乐谱，交给了学生。"弹奏吧！"他以坚定的目光望着学生。不可思议的事情发生了，学生惊讶万分，他居然可以将这首曲子弹奏得如此美妙、如此精湛！教授又让学生试了第二堂课的乐谱。学生依然呈现出超高水准的表现……演奏结束后，学生怔怔地望着老师，说不出话来。"如果，我任由你表现最擅长的部分，可能你还在练习最早的那份乐谱，就不会有现在这样的程度……"钢琴大师缓缓地说。

布鲁纳说："学习存在表层和深层两个过程，掌握知识经验的过程是学习的表层，而通过掌握知识，形成一定的思考方式、学习态度，增强解决问题的能力和自信才是学习的深层过程，真正的学习包括获取知识、发展能力和形成态度。"笔者以为，深度学习就是学习者聚精会神、积极主动地利用各种资源，采用各种适应个体特征的学习方式，体验、探究某个领域及内容的学习过程。这一过程具体表现为投入、深入、融入的情感状态，表现为对学习内容的深刻聚焦及不断扩展，表现为持续不断地专注的学习。深度学习即一种专心致志的学习、一种持之以恒的学习、一种专精广博的学习、一种富有创造的学习……

一、深度学习就是引导学生在学习过程中体验对学习的"爱之深与乐之深"

只有主动快乐的学习才能转化为生命中的素养。深度学习就意味着对学习有着如饥似渴的探求欲望，在学习过程中保持如痴如醉的情绪状态，对知识奥秘的求索充满着"乐此不疲，欲罢不能"的兴趣。正如斯宾塞所言，兴趣是求知和学习最大的动力。这不单是一种方法，而且包含着人类获得知识的一个充满智慧而古老的法则。赵元任有一句妙语：对于学术，要怀着"女人对男人的爱"；而对于艺术，要具有"男人对女人的爱"。其实，不管是学术或艺术或是学习，只有根源于深深的痴迷与爱恋，倾其身心地投入，心灵及思想才会产生深刻的本质的变化。

【案例】马丁·塞利格曼在《真实的幸福》一书中例举了心理学家希斯赞特米哈伊讲述的他80岁哥哥的故事。"我最近去布达佩斯探望同父异母的哥哥，他已经退休了，酷爱收集矿石。哥哥告诉我，前几天他拿到一颗水晶石，早饭后，他开始用高倍显微镜观察它，过了一会儿，他发现越来越不容易看清楚石头内部的结构了。他想一定是有片云遮住了太阳，他抬头一看，发现红日已西沉，他不知不觉中竟看了一整天。"这一刻，时间对他哥哥来说已经停止了，希斯赞特米哈伊把这种境界叫做"享受"……学习与研究达到了这样的一种程度：被情不自禁地卷入学习情境之中，为学习活动本身的欣悦所俘虏，甚至浑然不觉地与学习对象融为一体。如此就像爱因斯坦所说的："我们体验到的一种最美好、最深刻的情感，就是探索奥秘的感觉。"深度学习就是引导学生沉浸在学习的世界中，流连忘返，兴致勃勃，乐不可支。真正的深度学习，就是在学习中体验到心灵生活的"高峰体验"，教育家布鲁姆说："高峰学习体验（具有高峰体验所包含的某些品质）是极为生动的，以至于学生在多年后还能详细地回忆起来……"一般来说，它们是对学科产生新的兴趣的源泉，是重大的态度与价值变化的刺激物，它们起到了使学习变得真正令人兴奋的作用。"

那么，如何有效地导引学生进入这种学习的情境呢？正如第斯多惠所言："怎样才能使学生愿意学习，怎样使他在学习一门学科时引起愉快的感觉？第一，对学科要有热爱的态度，教师对学科的热爱会传导给学生；第二，你先要使学生在学习时有向学的愿望；第三，不言而喻，讲述学科要合乎教学论的原理；第四，这是主要的，激发学生的情感和意识，使他感到知道一些东西并且会做一些东西，感到他是在前进。"

二、深度学习就是引导学生在学习过程中的"知之深与思之深"，努力作思维的挑战与冲刺

著名学者木心先生在《文学回忆录》中提到，雅典娜，和平女神，智慧象征，是朱庇特的女儿。有一天，朱庇特头痛，请阿波罗医，不果，请维纳斯的丈夫伏尔坎以斧劈开朱庇特的头，跳出雅典娜。自她出生，愚蠢永远被赶出。这里蕴含着这样的寓意——任何智慧和思想的获得都要经历一个心理的、内在的、磨难的过程。任何深层次的、高层次的智力活动都不可能是浅尝辄止的，否则将仅仅是浮光掠影，一无所获的。深度学习不是引导学生探寻深不可测、深奥的意义与价值，而是引导学生深入地思考，不求艰深难懂，但求深思熟虑。赞科夫《和教师的谈话》中提出，"儿童的智力也像肌肉一样，如果不给以适当的负担，加以锻炼，它就会萎缩、退化"。教学要为儿童的精神成长提供足够的"食粮"，不要使它"营养不良"。深度学习就是要引导学生的思维走向深度、深刻与深层的智慧的运动。

【案例】朋友的女儿在读高三期间，每次遇到数学难题都是不解出来誓不罢休。有一次，一道超难的题目，她钉在那儿苦思冥想，想了一个上午，还是想不出来，想得满脸通红，想得两眼发呆，爸妈劝她干脆去请教老师。她说，不，非要自己想出来不可。于是简单吃过午饭后她就再想，累了就去睡，睡醒了又开始想……就这样绞尽脑汁地假设、猜想、画图、计算、探寻……两天两夜下来，她欣喜若狂地喊道："我终于想出来了！"一道题持续不断地思考了两天两夜，这就是思考的力量。后来，她说，经过那次长途跋涉式的

思考，她自己觉得在思考力上有所提升与飞跃，之后，遇到怎样的难题她便会比较轻松、思路清晰地解答出来。

这就是深度学习，它类似于我们爬上山顶，我们的肺活量增加，然后回到平原生活，就会觉得呼吸舒畅……也如同我们坚持长跑，跑过了马拉松，那么，平日的走路及小跑对于我们的体能来说就是小菜一碟。思维的深度学习是一种心智的深度呼吸与思想的深度唤醒，它不仅是学生学习经历了由浅入深、由易到难、由仿到创的过程，而且是学生的学习的攀升与飞跃的过程。其一体现为循序渐进的思维进阶——"仿佛若有光，从口入，初极窄，才通人，复行数十步，豁然开朗"；其二体现为登临山顶我为峰的思维超越——"会当凌绝顶，一览众山小"。

三、深度学习就是引导学生在学习过程中不断由此及彼、由点到面，由约而博、由博返约、博约相济，走向"博大精深"，即深度学习是一个"以一总多""以多观一"的过程

在学习初始阶段，一般而言，是探寻思维的"兴趣点"或问题的"关键点"，由此出发，发挥陶行知先生所说的"一、集、剖、钻、韧"的精神，从而实现由"点"的深入到"面"的拓展，使学习过程成为一个从点到线到面到立体的建构过程，即形成丰富性的、生长性的、系统性、动态化的"深度学习"。

陶行知先生所提倡的"一、集、剖、钻、韧"的学习精神，第一个，是"一"字。一是"专一"的一。荀子说："好一则博。"这句话是很有精义的。因为有了一个专一问题做中心，从事研究，便可旁搜广引，自然而然地广博起来了。第二个，是"集"字。集是"搜集"的集。我们研究学问有了中心题目，便要多多搜集材料，像"集"的篆字一样，用许多钩钩到处去钩，上下古今、左右中外地钩，前前后后、四面八方地钩，钩集在一起，细细研究。第三个，是"钻"字。钻是"钻进去"的钻，就是"深入"的意思。第四个，是"剖"字。剖是"解剖"的剖，就是"分析"的意思……

深度学习从学习范围来看，起初一般是锁定一个专题进行学习及探讨，

但它不是简单地锁定一个专题、学习任务或问题，就一事论一事，就一物论一物。因为"不识庐山真面目，只缘身在此山中"，就需要拓宽视野，远搜旁绍，举一反三，知类通达，这样才能达到"横看成岭侧成峰，远近高低各不同"的见识与理解，由此而衍生出前后贯通，豁然开朗的妙趣与境界。胡适先生在谈到学问之道时提出，为学要如金字塔，既能广博又能高，这就意味着深度要与宽度、广度相互促进、相互推动。

同时，尤其值得关注的是深度学习的表现形式，就是在拓展宽度时还意味着超出个人本身，作一些超越性的学习，向他人学习，向万事万物学习……日本教育家佐藤学先生在《课程与教师》中提出，在因材施教和个体与个体交响的教学中，儿童的学习是从个体出发的，通过同其他同学与老师的沟通和碰撞，最终寻求回归个体的过程。也可以说是一种以共同的内容为基础，实现个性化与亲和的教学。

四、深度学习引导学生做随时随地持之以恒的学习与研究

只有面对某些领域、某些专题，做锲而不舍的追踪学习、探究，才会有所收获、有所发现、有所创造，学习的过程才会有持久而深远的影响。这是学习过程中的"持久深远"。"人的生存是一个无止境的完善过程和学习过程，人和其他生物的不同点主要就是由于他的完成性。"深度学习的"深"，还应体现在长时间乃至一生坚持不懈地学习。教育教学及学习的影响力是年长日久、日积月累的，它不可能一朝一夕就奏效。所谓的"滴水穿石"，每天点点滴滴的学习与思考就是对于某一问题或某一领域的点点滴滴的执叩与钻探，假以时日，思想终于"百二禅关豁然开"。七零八落、东鳞西爪式的学习，无法形成"凝聚灵魂""聚核思想"的力量，只有不间断地、反复地推敲琢磨，才能对心灵及思想产生深刻的影响。关于连续性的力量，怀特海先生提出，教育及学习的效果是靠一分钟、一分钟，一小时、一小时不断的积累而成的，积小成成大成。

从时间角度上来看，持续时间长，延伸到课堂之外，才利于培养"终身学习"的愿望、能力及素养；从学习的内容来看，则需纵向地深入，即要把

握知识的产生、过程、结果、效果、影响及副作用……缺乏一定时间的专注与思考，对问题的思索不过是碎片化的、零散式的，是肤浅的、表面的，无法抵达事物的本质与核心，也就无法抵达思想的内核。任何有深度、有创见的思想与发现，都需要不断地思考……深度学习，必须经历一定的时间长度，而不是短平快式的"快餐"。深度学习，必然要经过千曲百折、寻寻觅觅的过程，这一过程中的迷茫、困顿、艰辛、豁然、欣悦、欢呼、开悟都是深刻体验带来的成果。教育家达克沃斯在《精彩观念的诞生》一书中提出，教师们经常急于让学生产生清晰和完整的观念，这是可以理解的。但是，让这些想法相互产生关联并不是一件容易的事情。它常常使人产生困惑。解开这些困惑确实需要时间。如果我们要挖掘具有重大意义的知识的广度和深度，我们所有人都需要给困惑以时间。也就是说，深度学习在过程上是逐渐递进、逐步提高的过程，如同《中庸》中提到的"博学、审问、慎思、明辨、笃行"，这就是一个由学到疑到思到辨到行的过程，是由知而思而行的不断深化的学习过程。

正因为如此，陶行知先生还强调"韧"字，他认为，在做学问上，要用韧性战斗的精神，历久不衰地、始终不懈地坚持下去，终可达到"柳暗花明又一村"的境界。

深度学习，在情感体验上是情深趣长，在启迪思维上是发人深省，在心灵触动上是感人至深，在后续学习及生活上是影响深远，总之，深度学习对于生命成长的意义可以说是根深叶茂、意味深长。

【案例】寻找学生学习的"元点"——我教《牛郎织女》（曾小明）

苏教版六年级下册的《牛郎织女》是一篇家喻户晓的民间故事。课前我与学生一起交流他们熟知的星座、神话故事、寓言故事等，发现孩子们知道的远比我预想的多，比如《田螺姑娘》《蛤蟆讨媳妇》《许仙与白娘子》《无锡阿福》等，他们都知道。尤其令人惊喜的是，班里还有些人知道其他版本的《牛郎织女》故事。我立马调整教案设计，用比较阅读的方式走进《牛郎织女》的故事里。我形成了三种思路：

思路一：不同版本《牛郎织女》的对照阅读。思路二：《牛郎织女》与其他民间故事的对照阅读。思路三：《牛郎织女》与中国古代关于牛郎织女的诗词歌赋的对照阅读。

跟孩子们商量采取哪种思路好，孩子们一致选择了思路一。我让孩子回家搜集不同版本的《牛郎织女》民间传说，然后带回来大家一起赏读。教学就由这样的起点展开了。

孩子们带来了三种版本。

第一种，织女对牛郎本无爱情可言，她和牛郎结婚生子是迫于无奈——仙衣被藏，一旦得到自己的衣服，就立即逃走。

第二种，牛郎和织女是天上一对美丽又乖巧的年轻人。没结婚前，牛郎牧牛，织女织布。天帝看他们可爱，赐为夫妇。哪知结婚后，两人只管恩爱，再不把各自该做的事放在心中——牧牛、织布的事都荒废了。天帝很生气，下一道圣旨将其分开，不再相见。

第三种，牛郎忠厚老实，织女忠于爱情，却被王母娘娘率天兵天将捉回，被迫分离。

把这三种版本的内容简介呈现给学生，请他们分析比较，并选择其中一个版本与课文对照阅读。孩子们选择了第三种，因为它反映的爱情真挚美好，内容情节与教材中的课文最为接近，有相同之处，也有细微区别，更适合比较阅读。可见孩子的是非观、审美观、价值观还是比较鲜明的。

教材中的课文是叶圣陶先生改编的。与第三种版本一比较，发现它们之间最大的不同点是"仙衣被藏"这个情节。

苏教版课文是这样描述的："过了一会儿，其中的一个离开伙伴，向树林走来……牛郎和织女在树林里相识了……"

第三种版本是这样描述的："牛郎悄悄地躲在树林里等着。一会儿，王母娘娘的七个仙女来了，她们一个个脱了衣裳，'扑通、扑通'跳到了水里。牛郎瞅准了那身绿衣裳，窜过去抓起来就跑……"

两种版本一比较，有不少孩子喜欢有"仙衣被藏"情节的第三种版本。为什么？叶圣陶先生改编得不好吗？孩子们说，课文里相识相爱的情节过于简单，经不起推敲。第三个版本更真实。但"仙衣被藏"的细节又使牛郎淳朴的形象黯淡了许多，纯洁的爱情也因此而逊色。也有些孩子喜欢叶老改编的故事，原因是它为我们塑造了一个心眼好、憨厚的牛郎形象，两人在树林里相识的情节给我们留出了想象空间。

如果牛郎织女的爱情故事发生在现代社会，情节又会朝着什么方向发展呢？有些孩子认为现代社会根本不可能发生这样的故事，织女根本不会看上牛郎，因为他没有钱没有车没有房。织女的父母也绝对不同意，这种爱情不会得到祝福，也不会幸福。有些孩子则结合《天仙配》里的唱词，说如果放至现代社会他们也会很幸福，因为寒窑虽破能避风雨，日子苦也甜，还是有许多不嫌贫爱富的女子。孩子们的交流让我深受震动，他们丰富的文学常识、对于世事人情的深刻理解，都远远超出我的预料。如果课前不去寻找"元点"，我根本无法知道小学六年级的孩子会有怎样的知识积累，会用什么样的眼光来看待这个世界。

利用这个契机，我让孩子把心中的话写下来，写成一篇小论文。孩子们畅谈对不同版本故事的看法，语言虽稚嫩，文字却有着一种特殊的穿透力，直抵人心。

孩子们的学习是快乐的，感悟也是深刻的。这快乐和深刻，一定程度上来源于对课堂学习基点的准确把握。因为关注了元点，听、说、读、写、思五种能力得到了训练。更为可贵的是，踏入课堂之前，孩子们的学习就已经开始了。

【案例】《三种地理学习方式的差异》（王琳）

如果说识记是浅层学习，那么理解就是深度学习；如果说理解是普通学习，那么运用就是深度学习；如果说运用是普通学习，那么创新就是深度学习。深度学习，就是对基础知识的深挖，就是对所学知识的重构，就是基于已掌握的知识产生新认知的一种学习。

深度学习是相对于浅层学习而言的，是在普通学习的基础上，一种由点到线、由线到面的知识维度构建过程。

比如在《经线、经度和纬线、纬度》的教学过程中，如果我们简单讲述课本上的概念，经线和纬线是人们为了在地球上确定位置和方向，在地球仪或地图上画出来的线，为了区别它们，人们给每一条经线和纬线起了一个名字，这就是经度和纬度，然后再讲经度是如何规定的、纬度又是如何规定的，讲完后，学生也许有些懂了，但这最多算是识记。

现在换一种方式，我们让学生通过观察地球仪，找到经线和纬线，读出经度和纬度，再让学生总结经线、纬线的差别，寻找经度、纬度的变化规律。这样的学习，学生就能深刻地记住相应的知识点。

如果再换一种方式，先以"如何准确表述某个同学在教室的位置"引出问题，然后提出"如何确定地球上某个点的位置"，从而引发学生对经线、纬线、经度、纬度的思考和讨论，并总结出规律。这样，学生既能全面掌握知识，也能深刻理解经线和纬线存在的意义，更能在日后的生活和工作中运用横纵概念确定位置。

纵观这三种教学方式，第一种是教师枯燥的讲述、学生简单的识记，学生掌握的只是知识的一个"点"；第二种教学方式，学生不仅学到了知识"点"，还将知识"点"归纳成变化规律，形成了一条知识的"线"；第三种教学方式，既让学生掌握了知识的点，又形成了知识的线，最后还运用到日常的生活中，并构建了知识的"面"。最后一种教学过程，是一种能引起学生深度学习的过程……深度学习可以使所学的知识点之间有一定的连续性、逻辑性、扩展性，可以有效帮助学生构建自己的知识体系，牢固地掌握所学的知识。就教师而言，学习的主客体必须定位准确，把学习的自主权交给学生。教师只是学生进行自主学习的导火线和深度学习的催化剂，只需根据知识点之间内在的、隐含的关系，采取多种教学方式进行有效引导，使学生掌握的知识朝着"点、线、面、立体"维度发展，构建稳定的知识架构。

第二节 批判性学习：为核心素养立本

一、批判性学习及其意蕴

批判性似乎总是充满着浓浓的火药味，也似乎充满着刀光剑影、短兵相接的气息——想起鲁迅般的"如匕首，如投枪"。其实真正的批判是什么呢？是一种开阔的视野，一种全局的思维，一种客观、理性的态度，一种探寻真理的精神，一种全纳、敞开的生命朝向。琼·温克在《批判教育学：来自真实世界的记录》一书中说："批判性是一个发人深省、令人探索的词。它就像一个高级网络搜索引擎，进去后四周查看，然后顺原路回来，重新查找。我们的批判性观点就是寻找新的观看与认知方式。'批判性的'并不意味着'坏'，也并不意味着'批评'。相反，它意味着'看到更远处'，意味着内外反思。"由此，我们认为批判性学习是学习者打开生命与文本、世界的所有的通道，激发全身心的所有的感官，凭借自己的知识、经验、理解、体验、思考，充分吸纳人类优秀的文化成果，在此基础上，对当前的学习进行不断理解、审视、反思、调整，从而建构出"新知"及"新我"的过程。而这一学习过程是永无止境、永不停歇的。从这种意义上来理解，批判性学习，是一种深度学习，是一种积极性学习，是一种创造性学习，是一种深入人心的个性化、内源式的学习。

批判性学习之所以被人所倡导与推崇，主要在于如下源由。第一，以前的学习，更多的是秉持着"静态的知识观"，强调被动地接受，致使学习成为死记硬背和机械训练，学习难以化为学生的能力及素养；第二，以前的学习，其学习的途径单一、思维方式也单一，在学习上更多地强调"知识的权威性"，学生缺乏质疑精神及批判意识，结果学生们思维被禁锢、独特性被抹杀、创造力受摧残，形成了僵化的思维及驯服的人格。而批判性学习则是突显反思、创造、自主的思维的培养。批判性学习提倡的知识观是"动态的、生成的"。哲学家罗素一生都在追求确定性命题，但他在晚年不得不承认，获得所谓的"确定性"其实是很困难的，因此他得出了"全部人类知识都是不确定的、不精确的和不全面的"。批判性学习提倡的学习观是"建构的、创造的"，即学习过程就是不断地分析、综合、假设、推理、验证等等丰富性的过程。只有从批判性学习中，我们才能学习如何创造性地学习与生活。

二、批判性学习与核心素养的培养

郑桂华教授在《语文教学的反思与建构》中分析：批判性（critical）这个词源于希腊文"kritikos"，意思是辨别力、洞察力、判断力，引申义有敏锐、精明的意思。批判性思维并不是通常的"批判,否定",它既有发现问题、查找不足,也同样有分析优点和长处,其核心是"理智的怀疑和反思的态度"。批判性思维的培养能"帮助我们养成清晰性、相关性、一致性、正当性和预见性等好的思维品质"。进行批判性思维能力的培养与检测是世界性的共识。

林崇德教授在《学习与发展——中小学心理能力发展与培养》中提出思维的批判性品质,它的特点有五个:分析性、策略性、全面性、独立性、正确性。

核心素养的"文化基础、自主发展、社会参与"三个方面,综合表现为"人文底蕴、科学精神、学会学习、健康生活、责任担当、实践创新"六大素养。批判性思维在于全面客观地考察,所以其价值观不会流于偏执,是经过明辨审思的过程,其价值认同就会有着更深厚的理性基础;批判性思维的品质是属于高阶思维训练。批判性学习强调学习及思维的自主性及独立性,有利于培养学生的自主学习及自主发展的能力;批判性学习强调的是深刻学习、深度学习,强调反思监控自己的思维过程、学习过程,是一种真正有意义、有价值的学习;批判性学习强调在思维过程中要全面、系统、客观、公正地思考,其内在地蕴含着科学精神、责任担当;批判性学习强调批判性思维直面生活实践,同时创造实践与创新紧密相联。由此,可以得出批判性学习是培养学生核心素养的切实可行、行之有效的路径。

三、如何引导学生进行批判性学习

批判性学习是一种将知识、阅历、生活经验、生命体验及思考融会贯通的学习,是所学、所见、所闻、所思合而为一化为营养,滋养血肉、骨骼及灵魂的学习。雅斯贝尔斯曾经说:"如果有人能准确地复述我所说出的一切,并能理解我所思考的事物,然而却从来不准备有些微怀疑精神和自主意识,那么,这样的思考者是可有可无、于事无补的。"

1. 清空,摒弃先入为主,放弃成见

认知科学家、教育家马赫·斯卡达玛利亚和卡尔·贝雷特让学龄儿童围绕正在学习的主题提出一系列问题，之后再统一评价这些问题的趣味性和重要性。研究的结果很有鼓舞意义：学生们的表现很好，他们都很容易对某事感到好奇或困惑。但比较各班学生在学习该主题之前与之后提出的问题，结果却令人忧心不已：学习该主题之前，学生提出的问题更深刻、更有趣；而正式的学习似乎湮没了这一主题带给学生的神秘感。为什么会产生这种现象呢？其主要的原因在于在学习某主题之后被植入了"成见"，没有养成更开阔的思维，更辽阔的视野，更广阔的胸怀。

固执己见、固执成见是批判性学习的大敌。批判性学习要保持开放的心态，开张心眼，复归于零。否则一打开文本，一些"前见"便根深根固、盘根错节地盘踞在心，则无可思考，更别说有什么新见。各种成见与前见是云雾，而悬置成见，如拨云见日。孔子云，勿意、勿必、勿固、勿我。其意就是做人做事，不能凭空猜测主观臆断，不能绝对肯定，不能拘泥固执，不要自以为是。孔子这里强调的就是思维的灵活性、开放性、全面性。

【案例】

"轴对称图形"一课，教师引导学生先通过观察三角形、平行四边形、梯形、五边形和圆，判断哪些是轴对称图形，哪些不是。学生的结论各不相同。"究竟该听谁的呢？"教师试探着问。"听我的。""听我的。""课代表说得有道理。""还是听老师的吧。"……正当大家莫衷一是时，一个小小的声音从角落传来："动手折一折不就知道了。"大家恍然大悟，纷纷表示赞同，并投入到动手操作验证的过程中。不一会儿，结论公之于众，没有异议。教师启发思考："争论的最后，我们听信了谁？为什么？""听信我们自己。""不，是听信了实验的结果。""听信了真理。"……"数学学习中，没有谁是权威，真正的权威就是数学本身，因为数学本身就是真理的化身。"一席话，让每一位学生频频颔首。

2. 质疑，扬弃各方观点，深入探究

普利策奖得主、1944年诺贝尔物理学奖获得者伊西多·拉比讲述他的亲身经历时说，大部分母亲在孩子放学回家后都会问一句："你今天学到什么了吗？"但自己的妈妈当年却问："拉比，你今天有没有提出一个好问题？"

质疑是学问之母，质疑是探究之始。在学习过程中，我们如果缺乏怀疑意识与批判精神，思维就会流于平庸，浮于表层，学习无法化为我们的精神生命。美国学者房龙在《宽容》中提出：我们总是热情地叫嚷要百分百相信这个，百分百地相信那个，但是我们不妨看一看大自然给我们的启示，它似乎一直对任何标准化的理想都很反感。质疑就是面对任何现象、问题、观点、思想都要问个究竟，时时有疑、处处设疑，而不是不容置疑、置信无疑。

而质疑最主要的路径就是发现"矛盾"。为什么我们会怀疑？很重要的原因就是我们观察到事物的"不一致"。这种"不一致"往往打破了我们内在"认知结构"的稳定与平衡。我们就会不由自主地刨根究底，不抵达问题的深处欲罢不能、誓不罢休。这里的"不一致"就会引发更深刻的思考：为什么不一致？是知情意行的哪些方面不一致？如此由疑而问，由问而究，由究而深，由深而进。故曰，小疑小进，大疑大进，不疑不进。

【案例】一位教师上《棉花姑娘》（一年级下册）一课，其课堂上的有些东西非常值得我们推敲，特别是教师要引导学生通过朗读领悟棉花姑娘很有礼貌，并且要读出请求的语气来。但是，文本中的棉花姑娘真的是很有礼貌吗？有位小朋友就看出了其中的问题。棉花姑娘生病了，叶子上有许多可恶的蚜虫。她多么盼望有医生来给她治病啊！燕子、啄木鸟、青蛙来了，棉花姑娘说："请你帮我捉害虫吧！"这里的"请"确实表现出她有礼貌。可是，当他们说"对不起，我只会……你还是请别人帮忙吧"之后，棉花姑娘一句话也没说。这太没礼貌了！至少也要说声"谢谢你"。最后七星瓢虫把蚜虫吃光了，棉花姑娘惊奇地问："你们是谁呀？"可是一句道谢的话也没有。这岂不是太奇怪了？这怎么叫有礼貌呢？小朋友在大家都认为棉花姑娘有礼貌的前提下，依据课文进行分析发现问题，提出质疑，进行批判性学习。

【案例】刘文桐是天津中学天文小组的成员，她在学习初中语文教材《大自然的语言》时发现，书中写到的"北极星在大熊星座"的观点与她在天文小组中学到的"北极星在小熊星座"的知识相矛盾。出于对科学的热爱和对事实真相的渴求，刘文桐对北极星的位置进行了细致观测，结果在小熊星座中找到了北极星！她在惊奇之余立即向《每日新报》报社投稿，提出了她的观点。报社与人民教育出版社和天文学会专家核实，证实了刘文桐的结论，人民教育出版社立即表示再版时予以更正。

3. 方法，运用批判技术，条分缕析

不少人也在倡导批判性思维及批判性学习，但一般仅停留在质疑精神与批判意识的渗透，缺乏对于批判性思维技术及方法层面上的探索与指导，使批判性思维的培养及批判性学习"无计可施""无法可循"，仍然"凌虚蹈空"，甚至流于"泛泛而谈"。思维和学习是有一般的规律的，批判性思维及批判性学习也是有规律的。唯有遵其规律，用其法则，才能化虚为实，化理念为实践，使批判性学习成为培植核心素养的一种强大的、神奇的转化力量。

程红兵先生认为，批判性思维是由批判性技能和批判性意识（精神）两个方面构成的。批判性思维必须以一般性思维（如比较、分析、分类、综合、抽象和概括）为基础，还要具有一些特定的批判性思维技能。批判性思维技能包括：①抓住中心思想和议题，即明确这是什么。②判断证据的准确性和可靠性，即追问一下"这靠谱吗"。③判断推理的质量和逻辑一致性，即追问"这合理吗、合乎逻辑吗"。④觉察出那些已经明说或未明说的偏见、立场、意图、假设以及观点，即追问"这是偏见吗"。⑤从多角度考察合理性。⑥在更大的背景中检查适用性。这些批判性思维技能需要在课堂教学中不断强化，最终使得学生能够养成。

【案例】七年级下册"绿叶在光下制造有机物"的实验教学，是一个除去叶片中叶绿素的验证性实验，实验目的之一是"检验绿叶在光下制造的有机物是不是淀粉"。使用传统的教学方法，很多学生按照教材上的步骤做完实验之后，并不理解这样做的原因。学生自己设计实验方案则翻转了课堂。首先是启发学生思考：假设绿叶进行光合作用制造的有机物就是淀粉，该如何检验？学生之前已经知道淀粉遇碘变蓝的特性，所以，很容易想到用碘液来检验淀粉。然而，当学生向叶片上直接滴加碘液时，却没有看到叶片变蓝这一颜色的变化。由于现实和原有的认知结构发生了冲突，学生议论纷纷，求知欲望被激发起来，在此基础上开展小组讨论。A 组认为是因为叶片太绿遮盖了，需要除去叶片中的叶绿素才行；B 组观察得更仔细，他们发现叶片上滴加碘液后，碘液在叶片上滚动，并没有渗透到叶片中去，所以他们认为叶片表面的蜡质层阻挡了碘液的渗透。A 组的解释比较合理，大多数学生都认同；而 B 组的解释有点出乎我的预料，因为教师用书上并没有提到这个原因，我也从来没有想过。此时，我并没有对B组的答案进行评论，而是鼓励学生思考如何证明B组的答案是否正确。意想不到的一幕出现了：B组学生试着把叶片横切后再滴加碘液，竟然发现叶片的切面处出现了蓝色。但是，因为叶片太绿，蓝色变化并不是特别明显。"叶片上直接滴加碘液无法看到淀粉遇碘变蓝的颜色反应"这一问题，教师用书上的解释是"叶片中的叶绿素干扰了颜色反应"，而学生用实验证明，其原因不仅包括叶绿素的干扰，而且包括蜡质层的阻挡。B组学生的创新发现，超越了"专家"的视线，我和同学们都给予了他们热烈的掌声。B组学生更因为自己的成功而感到特别自豪，全班学生的探索热情也由此持续升温！

4. 思考，整合全面衡量，实事求是

石中英教授认为，批判性思维不是简单地你说对，我偏说错；你说左，我偏说右；你往东，我偏往西的抬杠与唱对台戏。而是客观、全面、综合地审视与考量事物的现象及问题。批判性思维是一种深思熟虑、深谋远虑，尽可能细致周全、系统审慎的思维方式。《知识转型与教育改革》写道，尽管笛卡尔提出了著名的"普遍怀疑"，但是他说："我不是模仿怀疑主义者。怀疑主义者只是为怀疑而怀疑，而我的整个目的是寻求确定性，是为了剥去松软的泥沙，达到坚硬的岩石或粘土。"

批判性学习就是知人之长，察人之短，取长避短，汇百家而成一家，集众长成己之长。分析各家各门各派的立场、观点，考究各种思想、声音背后的真相，从而取其精华，剔其糟粕。余党绪在《祛魅与祛蔽》中写道："现在的课堂教学强调发散、多元，这是对的，但公说公有理，婆说婆有理，结果可能是大家都没理。关键得把'公理''婆理'整合在一块，才可能找到一个'合理'的道理。""尊重多元，追求合理，这才是批判性思维的精华。"你的意见，我的意见，大家各抒己见，但是若无共同的"遇见"，则就没有卓识远见。

【案例】《如果世界上都是轴对称图形，那该多单调》（唐爱华）

这是一节区级公开课。课上得很顺利，我瞥了一眼讲台上的手机，还有4分钟下课，正好进行下面的环节："刚才大家找到了很多轴对称图形，老师课前也找了一些，我们一起来欣赏。"在轻柔的音乐声中，斑斓的蝴蝶、青翠的树叶、玲珑的游鱼、宏伟的建筑、缤纷的剪纸如同花儿一样绽放在屏幕上。在孩子们情不自禁的惊叹声中，我问道："同学们，这节课我们一起认识了轴对称图形。现在请大家想一想：轴对称图形给你留下了怎样的印象呢？""我觉得我们生活中的轴对称图形特别特别多。""轴对称图形太美了！我非常喜欢！""轴对称图形非常美、非常神奇，可以说它美化了我们的生活，我们的生活离不开它。"看来，学生们不仅认识了轴对称图形，而且受到了情的感染和美的陶冶，我笑着轻轻点头，准备进行下一个环节。这时，只要再有一个学生说出轴对称图形的美，那就大功告成了！我在心里默默地想着。

这时，一个高个子男孩急速摇动着手臂，嗬，还挺迫切的，我连忙请他发言。学生说："我觉得轴对称图形有点死板，不太好看。"我愣住了，天啊，他不仅没有赞叹，而且还否定了轴对称图形的美，要知道让学生获得充分的美感体验可是我这节课的重要目标啊！这家伙，哪壶不开提哪壶，我真恨不得让他把这句话咽回去！怎么办？

大多数孩子还沉浸在我精心营造的对称美的情境中，听到这位学生的发言，大家和我一样愣住了。沉吟片刻，我奖励给这位学生一颗智慧星。接着说："非常好！谢谢你！谁知道我为什么要奖励他，谢谢他？""他不随声附和，大家都说轴对称图形特别美，他说轴对称图形死板、不好看，他有自己的观点。""他很勇敢，自己怎么想的就怎么说，不怕说错。""我们也应该什么事情都多动脑，有自己的观点。""非常好！有自己的个性、自己的观点，敢想敢说敢创造，才是好样的！谁还想说？"

"老师，我也认为轴对称图形有点儿死板，不太好看，其实，我们的衣服大多数都不是轴对称图形。""我觉得轴对称图形不太好看，如果世界上都是轴对称图形，那多单调、多没意思啊！"

第三节　联系性学习：为核心素养立脉

【案例】从前有个小和尚，住在山上的一座庙里。有一天，师傅对他说："今天我们煮豆粥，你去买十文钱的豆子回来。"他像以前一样早上挎上篮子出发了，可是直到黄昏才回来，篮子里的豆子却只有少得可怜的几粒。

小和尚哭丧着脸说："我怕篮子有缝隙，不敢买太多，就只花了一半的钱买了一点儿，一路小心护着，胳膊腿都累得又酸又疼。谁知道这豆子个儿太小，走到庙门口还是漏得差不多了。"

师傅笑着说："原来是这样。没关系，明天我再给你十文钱，加上今天没花完的，十五文全部买豆子带回来，吃不完的我们可以磨豆腐、发豆芽儿。"小和尚奇道："五文钱的豆子都叫我浪费了，你还让我再一下花十五文，只怕豆子多了，漏得更厉害。"师傅笑而不答。

第二天，小和尚果然带着十五文钱忐忑地出发了，买回来的豆子装了满满当当一篮子。他往回走的时候，一开始还战战兢兢，可是很快就发现了，装满篮子的豆子互相挤着，反而形成一种力，让每一粒豆子都更加稳当，不容易掉出来。他乐了，轻轻地晃动几下篮子，没事，干脆快步走起来，一路顺利。把豆子带回庙里的时候，才不过一个时辰，一篮子豆子一粒不少。

单一的、缺乏联系的知识如同"篮子里比较少的豆子"是七零八落的，最后所剩无几。而丰富的、有联系的知识如同"满满的一篮子豆"相互作用与影响，不易丢失。这就是联系的力量。

一、为什么要重建联系的课堂

世界是整体的。世界是丰富立体的存在，是浑然一体的，万事万物相生相成，相互影响与相互联系，从某种意义上说可算是你中有我、我中有你。将世界割裂得支离破碎，看不到事物之间的关系，那么世界就不再丰富生动而是面目全非、死气沉沉。世界万事万物是一个和谐统一的整体。

知识是整体的。张炎在《词源》卷下称："吴梦窗词，如七宝楼台，眩人眼目，碎拆下来，不成片段。"知识是自然、社会、人生的观摄与映照，要描述及探索世界人生的奥秘与真谛，必然要拥有完整、关联的眼光。否则，所得不过是一鳞半爪、一星半点，无法成为生命及人生的滋养，反而成为智慧的堵塞与心灵的负累。缺乏全局性、关涉性的思维的知识只能给人一孔之见，让人画地为牢，以至于作茧自缚，执迷不悟。

生命是整体的。爱默生认为每个人都是一个宇宙，但在现实中却成了碎片。"社会是这样一种状态，每一个人都像是从身上锯下来的一段肢体，昂然地走来走去，许多怪物——一个好手指，一个颈项，一个胃，一个肘弯，但是从来不是一个人。"生命是知情意行的综合体，是身心灵的融合汇通。"牵一发而动全身"就是在喻示着生命的整体关联性。"手脑心"是息息相关、交融互渗的，任何对于生命缺乏整体性的观照，任何偏落于一端的思想与做法都可能导致生命及人生的残缺不全。

学习是整体的。学习是一个不断地联系及建构整体性、系统性知识体系的过程。学习如果缺乏关联，每一次的学习行为无法承上启下，无法铺垫延展，无法左右映带、前后呼应，那么，这样的学习无法培植强有力的思维力，无法迁移涵养成能力。零零散散的学习，注定是零落成泥碾作尘，学了如同未学，枉费时间与精力还让人厌学。只有一气贯通、交互衔接、交互渗透融合互启的学习，才能让人越来越聪明，越来越思考，越来越会学习。

现有的学习缺乏整体感与联系感。整体世界、知识、生命都是互相联系、互相贯通的，然而在现实课堂教学中，学科之间、学科内部不同学段之间、学科与生活、学科与学生的生命体验、同一学科每节课之间等等都会呈现出一种"互相隔阂""鸡犬之声相闻，民至老死不相往来"的封闭与隔绝状态。法国著名的哲学家埃德加·莫兰在《复杂性理论与教育问题》中指出，由于我们的教育教给我们分离、箱格化、隔绝知识而不是连接它们，知识的总体形成了一个难以理解的七巧板。相反作用、反馈作用、背景、复杂性处于学科之间的"no man's land"中变得不可见。人类的重大问题为了特殊的技术问题和利益而消失。对于组织分散的和被箱格化的知识的无能导致进行背景化和整体化的自然的思想禀性的衰退。正如埃德加·莫兰所言，教育教学中的"不联系"导致知识"孤立无依"，难以转知为智，难以化知识为能力，难以滋养学习者的素养、思维方式及精神气象。个体所学的知识处于僵化状态容易遗忘，其次也损害了思维的整体性与连续性，使思维趋于肤浅、零乱、杂碎，尤其严重的是造成个体生命的"内在缺失"与"精神畸形"。

二、如何重建联系的课堂

杜威先生提出，课堂教学可以分成三种，其中最不好的一种是把每堂课看作一个独立的整体。这种课堂教学不要求学生负起责任，去寻找这堂课和同一科目的别的课之间或和别的科目之间有什么接触点。比较聪明的教师，会注意系统地引导学生利用过去的功课来帮助自己学习目前的功课，并利用目前的功课加深理解已经获得的知识。这种教学的结果好一些，但是学校的教材还是脱离实际的……最好的一种教学，是牢牢记住学校教材和实际经验二者相互联系的必要性，使学生养成一种态度，习惯于寻找这两方面的接触点和相互的关系。杜威将课堂根据联系与否分为三种：一是不联系的，二是以旧促新的联系，三是与实际经验相联系。只有联系的课堂才是好的教育。

素养及生命的成长不是知识、生活、生命间的水米无涉、格格不入的堆累，而是它们之间水乳交融、相生相成的催发。基于素养的特征及形成规律的"综合性""整体性"及"关联性"，我们强调要重建联系的课堂，强调课堂中要做到知识、生活、学习、生命等交融互渗、齐进共生。那么要如何重建联系的课堂？

1. 学习的内容与学生的现实生活的联系

陶行知先生在《生活教育的创立与成长》中谈到，中国的教育太重书本，和生活没有联系。教育不通过生活是没有用的，需要生活的教育，用生活来教育，为生活而教育。教育要与生活联系，现已成为教育教学中的一种"共识"。但这种"共识"，往往会变成一种思想上的顺口溜，有些人几乎能不假思索地脱口而出，但却往往是"小和尚念经，有口无心"，对于课堂教学该进入怎样的生活缺乏深刻的反思反省意识。

那么，教育要与怎样的生活相联系呢？平纳提出，要获得个体的自由和解放，学校课程绝对不能局限于系统化的书本知识，而要关照个体作为具体的活生生的存在的生活经验。与学生感兴趣的、活泼生动沸腾的生活相联系（有趣的生活），要关注引入的生活是否符合学生的年龄特征与身心兴趣特点；与学生现实生活中遇到的亟须解决的问题相联系（有用的生活），要关注引入的生活是否指向当下本学习群体的热点问题、难点问题；与提升学生提升理解生活意义与价值的生活相联系（有意义的生活），要关注引入的生活是否对学生的成长发展有启发意义与启示价值。郭元祥教授认为，教育过程就是引导儿童的生活不断合理重建的过程，实施一种生活的教育。

教育如何与生活相联系呢？其一，要用生活来丰富、理解知识问题。知识世界来源于生活的海洋，离开生活的滋养的知识是枯萎、贫血、没有活力的。生活世界是科学世界的营地，生活是探究的源泉，现实的生活为学生不断地探究提供了取之不尽、用之不竭的养料。如叶圣陶先生所写的："善读未写书，不守图书馆。天地阅览室，万物皆书卷。"（《读书二首》）其二，知识应用于生活，解决生活中的问题与困惑。知识之光照亮问题，知识之光照彻问题，智慧之光、理性之光便充溢于人的全身心之内。知识在生活中得到活用，知识便活在学习者的身心之中，化为身体及生命的一部分。其三，知识用来指导生活，提升生活的品质。知识的学习，不应是简单的记忆与重制，而应用于开拓每天的生活，开拓每个人的心灵世界与生命境界。怀特海先生在《教育的目的》中提出，其所极力主张的解决办法，是要消除扼杀我们现代课程活力的各学科之间互不联系的严重现象。教育只有一种教材，那就是生活的一切方面。

【案例】华应龙老师上"解决连乘问题"（三年级下册第99页）一课时，其中最后一个环节为"创设情境，传播美好大爱种子"，具体如下：

师：（神秘地取出一叠红、黄、绿、蓝、粉的彩纸）这是老师从北京带来的（众生惊呼：太漂亮了！）师：（拿起一张）一张纸把它对折，再对折，我们把它平均分成了几块？生：4块。师：每张小纸可以折成一个像这样的纸鹤。（展示自己折的纸鹤。众生感叹：太棒了！）我想问问，这么多的纸可以折多少只纸鹤？生：每张纸可以折4只纸鹤，有多少张纸就乘多少。师：真好！但是这些纸一共有多少张呢？我告诉你，有 5 种颜色的纸，每种颜色的纸是一样多的，你想问我什么？生：每个颜色的纸有多少张？师：每种颜色的纸有 50 张。你还想问什么吗？（无人问。）你能算出一共可以折多少只纸鹤吗？生：50×5 算的是一共有多少张纸，再乘 4，就是可以折出多少只纸鹤。生：1000 只。师：大家都会做了，下课后把这些彩纸拿回去自己折，再想想折出的千纸鹤准备送给谁？（众生纷纷说：老师、爸爸、妈妈、小伙伴……）师：真好，因为送出一只纸鹤就是送出一份心愿，一份祝福。有没有谁想到送给不是自己身边的人？生：我想送给玉树的小朋友。师：为什么？生：因为他们受灾了。师：她要把千纸鹤送给玉树的小朋友，我十分佩服她！这让我想起上周在报纸上看到的一篇文章——一个雪夜，美国推销员克雷斯的汽车在冰天雪地里坏了，面临被活活冻死的危险，后被一个骑马的中年男子所救。克雷斯拿出钱来感谢他，他却说："我不求回报，但你要给我一个承诺。当别人有困难时，你也要尽力去帮助他！"后来，克雷斯帮助了许许多多的人，并将这个要求告诉了他所帮助的每一个人。多年后，克雷斯被一场洪水围困在一个小岛上，一位少年帮助了他。当他要感谢少年时，少年竟然说出了同样一句话："我不求回报，但你要给我一个承诺……（聚精会神听故事的孩子们发出了会心的微笑。）师：是呀，爱心是无价的，是不求回报的，但它可以在心和心之间传递，这就像是一个连乘的式子。（板书：一个人的爱×你×我×他×……＝美好的人间。）师：只要人人都献出一点爱，世界将变成美好的人间。这次来到汶川，让我感受到另一个连乘的式子。（板书"一个人的爱×13 亿×365＝爱的海洋"，并带学生一起轻声朗读。）师：爱的海洋可以解决任何问题（板书课题：解决问题）。

2. 学习内容与前后的学习内容的联系

（1）探明当前的学习与之前的学习之间的"学习关系"，并加以融会贯通，建构联系。如果每一次的学习都是"无中生有"，都是处于"互不相干"的孤立状态，那么，每一次的学习都缺乏"根基"，处于内部结构的"无连接"或"弱连接"，学习就自然无法深入、持久地发生影响。美国著名的心理学家奥苏伯尔认为，有意义的学习很重要的一点就是学习的材料与内在的知识结构发生联系。在课堂教学中教师要引导学生探明现在的学习与之前的学习之间的内在关联,这样的学习才会有根可依、依根而生。

(2)通过比较辨析,发现当前的学习与之前的学习之间的异同,求同存异,建构联系。对学习的知识如果不加辨析,就会囫囵吞枣、含混了事,这种学习的结果就是若有若无、似知非知,最后是混沌一片乃至于遗失得一无所有。知识是否不断生长不断增殖,就在于在原有基础上有没有获得异质与新质的生成。所以,在知识学习转化为素养的过程中,辨析知识间的异同,激发思维、激活知识,是至关重要的一环。

(3)通过"知识的考古",探源溯流,寻枝振叶,探寻当前的学习与之前的学习之间的脉络关系及逻辑关系,明晰该知识的背景、产生、意义、发展、变化……编织"知识的故事与体系",探获一线贯珠的"知识链条",建构联系。

3. 学习的内容与学生的精神建构(心灵生活)的联系

学习的内容要与学生的心灵生活的探索相合拍,不能游离于个体生命的内在世界之外,成为一种与精神、灵魂毫无关涉的知识堆积与技能训练。为什么许多知识、诸多的学习与学习者自身的生命无法产生任何心理反应、心灵的化学反应?即使是年长日久的学习,知识自是知识,学习者自是学习者,两者互不相干,甚至一放下书本,顷刻之间,学习者便与学习的知识"咫尺千里,形同陌路"。其根本的缺失就在于学习者与知识之间没有心灵的回应与生命的感通,于是知识在学习过程中就成了一种僵化的、外在的、沉重的、不得不忍受的负累。所以,学习者一有机会就对知识产生非离之、弃之,不足以快之、乐之的感受。

唤醒学生的情感体验。知识的诞生离不开情感的激发与升华,知识探寻的过程更是情感的浇灌与激越的过程。如何从冰冷的知识的内部探触到火热的美丽?就是要通过"设身处地、将心比心"来重新经历与复原"知识产生"时的生命经历及情感体验。在情与情交融中,知识及学习便鲜活地流淌于生命的血脉之间。

【案例】一个法国教师上"人要有同情心"主题课,先把自己的外套脱下来,然后要求学生也脱去外套,再要求学生用一只手把衣服穿起来,最后要求学生不用手把衣服穿上,学生有的用嘴帮助其他同学穿上衣服。孩子们在这种情况下形成一个基本看法：任何人在特定条件下，都可能需要帮助、需要关心。教师又备了一些轮椅让学生坐上去外面兜一圈。一出校门孩子们的心灵就受到震撼，只要经过的人，无论男女老幼都会主动帮助他们。孩子们的心灵又一次受到洗礼，无论是作为残疾人还是健康人，都要有同情心。这个法国教师善于开发课程资源，就地取材，表现出很强的课程能力和智慧。

撞击学生的生命体悟。知识的学习是为了启发人思考人生及生命的意义，否则，它注定是昙花一现，对人心及人生无法产生持久而深远的影响，也就意味着这样的学习与知识只能是空花泡影，瞬间消失，也不可能与生命及人生紧密相连。

创生学生的思想观念。知识记录着思想，学习是为了催发与创生思想。没有引发学习者深入、深刻思考的知识注定与学习者只能"擦肩而过，失之交臂"，无法形成"深入人心，刻骨铭心"的印迹与想象。只有在学习者的内心深处点燃思想的火花，并照亮闭塞鄙暗的一隅，不断使个体思想清明、内心澄明，这样的学习与知识才会形影不离地伴随生命始终，化为活的智慧与思想。

只有通过引发并珍视学习者感动、反思、震撼、激越，行动的冲动等，才能真正建构知识与学习在学习者精神结构上的联系……

4. 各学科、各课程之间的跨界、互补、整合的联系，促进生命的整体发展

事实上叶圣陶先生早在20世纪40年代初，任职四川省教育科学馆专员时就说过，"教育的最后目标却在种种境界的综合，就是说，使每个分立的课程，所发生的影响，纠结在一块儿，构成个有机体似的境界，让学生的身心都沉浸在其中"。而要使学生能够"沉浸其中"，教师首先要进入这一"境界"。分门别类的所谓的"自成体系"的学科教学，到了最后会导致知识间的断裂，思维间的断裂，心灵及完整的生命的断裂与残缺。

俄国著名的教育家洛扎诺夫提出教育过程中的三条原则之一——完整性原则。他认为，在知识板块之间，在艺术感情和意志追求中不应有断裂，这就是这条原则的要求。他指出，不能过于细碎地分割知识和感觉，这种分割的知识虽然也能被接受，但已完全不是原来的那个样子，不是它们的本来面目，失去了完整性。这样，它们就缺少了文化和教育的意义。这就是课程及学科整合的意义及知识的整体性的深刻价值所在。那么，学科及课程间的统

整与融合，一般可以采用以下几种方式：一是主题式学习，围绕某一专题，凡涉及这一主题的各个领域的知识都整合在一起，为深入学习这一主题服务。二是学科及课程渗透式学习。学科及课程的互渗互透意味着知识间的相互蔓延及生长，每一学科及课程不是孤立的存在，而是相互依存，相互支撑，共同生长。三是全课程的设计的学习方式。全课程涉及学习的诸多领域，在全课程的学习中，各种学科及课程都彼此交融，成为学生学习生活的完整自然的一部分，也因此成为学生完整的生命成长的一部分。

【案例】美国一位教师在教物理学科中的牛顿第二运动定律及速度的向量分解、摩擦力测算等知识时，设计出调查车祸车辆是否超速的实践问题，进而将之具体化为三项任务：第一，车祸中的两个车主被控超速，每个小组要作为一个律师团队向法官证明他们超速或不超速，证明时需要使用数字、图表、演示等手段。第二，地方新闻频道不间断地报道这起车祸。学生扮演新闻节目的主持人、地方台的记者、物理学专家或其他角色解释事故的细节，要使用视觉图像以帮助说明其中的物理现象。第三，给美国联合通读社写一篇文章，详细报道这次事故，其中要有证据显示的物理事实，并使用图表。这些任务都是相关行业的实践任务，学生既需要掌握一定的物理知识和技能，还需要掌握将这些知识灵活运用于具体情境的能力，同时需要了解和运用一点相关的专业知识和技能，如法庭辩论的知识技能、新闻报道的写作技能等，这能够有效提高学生的综合素质。（魏勇《要怎么上课，学生才喜欢》）

5. 学习是围绕"伟大事物"促进学生之间、师生之间的联系的过程，使学生在人心的对流间产生一种"血肉相连"的联系

建构联系的课堂，要促进的不单纯是知识间的联系，而且是知识与生活、知识与世界间的联系，尤其重要的是促进知识与人心之间的联系，即通过知识的对话获得心灵的对话及人性的关联。

学习是学习者用自己的心灵去复原及复活知识创造者的心灵及智慧的过程。而这种"复活"及"再生产""再创造"的过程是艰难复杂，幽微玄奥的。由此必须借助众多的学习者各体其心，各以其心，在心和心的"复合演奏"间不断地与知识的创造者产生共鸣，获得精神的共振与思想的共生。

知识及学习凡是经由心灵内在层次的唤醒的，并与不同的学习者进行心

灵深处的相遇、相激、相荡、相融，以至于交会生辉的，这样的知识与学习就与生命的内在成长及灵魂的结构融为一体，而不是貌合神离的。

赖配根、钱丽欣在《重建课堂》中谈到：如果课与课之间没有内在的逻辑联系，那么教学再精彩，也只是孤立的风景。孤立的课堂没有力量。只有把6年中的每节课都有机联结起来，把课内和课外融合起来，学科教学才能对学生的生命成长产生奇迹般的化学反应作用。重建联系的课堂，就意味着重建学习者的精神生活、智力生活及学习者的生命本身。重建联系的课堂，意味着重建人与人之间的关联、人与物之间的关联、人与大地之间的关联，重建生命与人、事、物之间的亲密、细致而深刻的关联。

【案例】《一个理想的小学校》（陈鹤琴）：要用整个的大单元的教学。现在的小学往往把儿童学习的功课分得很细，什么音乐、写字、工艺、形艺、读法、作文、史地、自然、算术、体育等等。而各科间又不谋联络。请问儿童的生活里，他分什么社会、自然、音乐、工艺呢？他不是一个整个的生活，能求解决整个生活里的问题么？所以我们应当用整个的教学法去进行教学，力谋各科间的联络，举行大单元的中心设计。比如用俄国的《拔萝卜》故事做教材。①可以发给儿童做读法用；②可以让儿童练习讲故事；③可以研究白萝卜、小老鼠、小花猫，作为自然教材；④可以画故事里的内容，作为形艺；⑤可以剪贴做工艺；⑥可以编小老太婆、小姑娘、小花猫、拔萝卜唱的歌给儿童唱。如此不比现在四分五裂的大学式的教学法要好得多吗？我们不要用大学式的教法去教儿童才好。

第四节　自主性学习：为核心素养立骨

【案例】苏伽塔·密特拉是一位电脑科学和教育学博士。1999年，密特拉博士在新德里认真观察了当地儿童的情况后很想知道，如果让当地穷苦的孩子免费使用电脑和互联网，将对他们的生活产生什么样的影响。

密特拉博士领导的印度NIIT研究所设在一座有空调、电脑等先进设施的现代化建筑里。而与大楼一墙之隔的地方就是一处贫民窟。密特拉博士想了一个办法,他在黄砖砌成的隔离墙上开了一个洞,放上了一台连接了互联网的高速电脑。

很快,这台"奇怪"机器吸引了孩子们的注意。密特拉博士后来回忆道:"孩子们试探地问:'我能摸摸它吗?'我说:'可以啊,这个电脑是在大墙对着你们的那一边呀,不是有规矩说,凡是在你们那边的东西,你们都可以摸都可以用吗。'"

孩子们高兴地争相去按电脑上的箭头,有的孩子还不停地问各种问题。一天下来,密特拉博士吃惊地发现不少孩子已能熟练地打开文件、搜索网页,几乎是无师自通。密特拉博士说,这些来自贫困家庭的孩子,其实非常聪明,都有着很强的接受能力。

"墙洞电脑"如今已经普及印度很多贫困地区,据一份最新统计,已经有300多万孩子从中受益。

"墙洞电脑"实验有力地说明了孩子是有着自主学习的能力的。

一、自主学习是什么

自主是什么呢?自己是自己的主宰。如果自己无法自主,就会被他主。自主学习可界定为自己是自己学习的主人,自己通过自己的学习从而成就自己。余文森教授认为,自主学习是一种主动学习、独立学习、元认知监控学习。也有学者认为,自主学习是一种学习者在总体教学目标的宏观调控下,在教师的指导下,根据自身条件和需要自由地选择学习目标、学习内容、学习方法并通过自我调控的学习活动完成具体学习目标的学习模式。综上所述,自主学习是一种教育思想、一种学习理念、一种学习方式。从动态的观点上来看,"自主学习"是一个循序渐进养成的过程。教学论专家江山野指出,人的学习能力经历了一个从依赖到独立的过程:"完全依赖—基本依赖—半独立—基本独立—完全独立"。因为,教学上相应地有这样的形态与阶段:"先教后学"—"边教边学"—"先学后教"—"不教自学",也就是最后达到了完全的自主学习。自主学习,是学习者在教师的指导下(随着自主性增强,学习者可自主调控），学会自主确定目标、内容、方法进行学习并自主监控调整学习过程并自主加以反馈检测的一种教育及学习思想或方法。

二、自主学习的意义何在

1. 生命的成长必须仰赖于内部自我的发生与发展。生命的成长总是自内而外的，一切外在的强制与灌输都无法触及心灵世界与建构精神宇宙。叶圣陶先生提出：凡是人生的一切，从"外铄"得到的，虽言表名理，行合正谊，也不过是被动的；若是从"自觉"得来的，便灵心澈悟，即知即行。

2. 自主学习是与生俱来的本性。人的成长过程就是不断地挣脱束缚走向独立自主的过程。自主学习是顺人之心，舒人之性，尚人之天，遵循人的自主的本能，引导生命向四面八方敞亮，不断地、积极主动地吸纳丰富的营养，不断地成就自我。这就是所谓的"人之初，性本学"。布鲁姆在《教学论》中指出，人类所具有的最独特的特征就是能够进行学习。学习在人类身上是如此根深蒂固，以至于常常不为人所意识到。自主学习的倡导就是要唤醒"人之初，性本学"的能量。

3. 自主学习的缺失导致自我人格及心灵力量的损失与流失。只有自主学习，才能学习如何自主，即如何成为自己生命中的主宰与主人，如何成为自己人生世界中的主语与主格。教育的目标就是要培育思想自由，生命自主的人。人之所以成人，就在于生命个体能功过自承、咎由自取，自我认识、自我建筑、自我承担、自我督责、自我安顿。而这种自主性虽是与生俱来的，但如不经过精心呵护与栽培，就可能消磨殆尽，很难发扬光大。

4. 自主学习是面向瞬息万变的未来及"不确定性"的最好的姿势。知识的发展日新月异，社会的变化一日千里，面对变化的世界，我们唯一要把握的就是自主学习，不断地学习。只有不断地自主学习才能真正"与时俱进"——"苟日新，日日新，又日新"——自主学习才能创造一个日新、更新、创新的自我及世界。美国著名心理学家卡尔·R.罗杰斯指出：我试图指出如果我们想要使人们能在这个变幻无穷的大千世界中建设性地生活着，那么我们只有让他们成为自我主动、自发的学习者才能做到。最后，我的目的是想表明，就我们现在所知，在与一个人的有助于成长、促进的关系中，这种学习者的发展最佳。

5. 自主学习是个体生命成长必不可少的核心素养。为什么人们的许多学习无法积蓄为精神的营养、转化为生命的养料呢？其主要的原因在于这种学习活动"去我""无我""忘我"，"我"的迷失造成学习的迷茫及知识的迷惘。怎么把知识与学习内化为滋养生命的核心素养呢？通过自我自主地学习，我与知识、学习融为一体。正如郭思乐教授在《教育走向生本》中提及：当他们自己去发现的时候，知识变得有了"个人意义"了，像世间之爱那样，他们对知识也就产生了"生产性的爱"，而这样，他的知识就拥有了个性，拥有了他自己所赋予的生命，正如钱钟书先生所说，这样的知识是"心血浸养"的和"联系着神经和血脉"的。

【案例】1987年，美国心理学教授加德纳夫妇携儿子本杰明访问中国，入住南京金陵饭店。一岁半的本杰明对用钥匙开门充满好奇，总是尝试着把钥匙插入钥匙孔并乐此不疲。但这件事对于一个一岁半的孩子来说的确不易，他很容易失败。每逢此时，加德纳夫妇总是饶有兴致地在一旁观看。然而，路过的中国服务员见孩子失败了都忍不住过来帮忙。这使得加德纳夫妇很尴尬，因为他们认为，本杰明不需要他人的帮忙。他们很清楚在孩子社会化的过程中，父母应当做些什么，不应当做些什么，但中国服务员的好心违背了他们的初衷。

在此后的一个月中，中国的成年人经常帮助本杰明做一些事，比如帮助他捡回玩的球，帮他坐回自己的椅子，帮他穿鞋，引领他离开容易磕碰的地方，等等。加德纳教授调查了中国的教师和家长对钥匙事件的反应，他们的态度如出一辙：孩子太小，看着孩子失败又有什么益处呢？成年人既然知道怎么插钥匙，插入钥匙又是最终要实现的目的，为什么不直接教给孩子怎么做呢？这样可以使他快一点学会这项任务，然后就可以学习、从事其他的活动了。

但是，加德纳教授夫妇及大多数美国人对此事有不同的看法。他们对孩子是否将钥匙插入钥匙孔并不介意，他们关注的是本杰明是否愉快，是否进行了探索。在这个过程中，他们想教给孩子的是一个人有效地依靠自己去解决问题的意识。这种"依靠自己的价值原则"，是美国中产阶级养育子女的行为准则。他们认为，如果手把手地教孩子怎样准确地做一件事，孩子就不大可能自己领会到完成这个任务的方法。

三、自主学习的特点是什么

联合国教科文组织在1972年出版的《学会生存——教育世界的今天和明天》报告中明确指出："未来的学校必须把教育的对象变成自己教育自己的主体。受教育的人必须成为教育他自己的人；别人的教育必须成为这个人自己的教育。""教学过程的变化是，学习过程现在正趋向于代替教学过程。"这些都旗帜鲜明地标举"自主学习"，那么自主学习具有什么特点呢？

1. 主动性。自主学习的动力及终极目标都在于"主动"一词。主动便意味着积极地面向知识世界与生活世界，学习者从消极的客体变成积极的主体；也就意味着主体的精神、主体意识、主体思想的焕发；意味着生命不断地润泽知识与学习；也意味着知识的学习走向生命活动本身。黄克剑先生在《论教育·学术·人生》中提出：人这件"艺术品"最终要靠自己成全自己、自己完成自己；我们当教师的人所要做的事主要不是按自己的意图或设想——哪怕是极有创意的意图或设想去塑造学生，而应该是诱导学生从好的范本中获得启示，从而主动地自己塑造自己。缺乏主动性的学习是一种假学习，它苍白无力、味同嚼蜡；缺乏主动性的学习，失去了真实的体验，没有内在的触动，只能走向教育的畸变与生命的反面。

2. 个性化。自主学习中的"自主"也可阐释为，自己与主体。自己与主体的最大特征就是富有自己的个性，与众不同、独一无二。相对而言，传统的教学方式中，强调"步调一致"，不管学生的知识水平、学习能力，不管学生的认知风格、思维差异，都是让同一班级的学生在同一时间、同一地点、按同一进度及同一学习方法学习同一内容，并进行同一检测，以期达到同一效果。结果，学习者被模塑为一种统一的"标准件"，学习异化为一种"套瓷"。自主学习针对传统教学中"千人一面、千篇一律"的大一统的学习方式的弊端，提倡"富有个性的学习策略、方法方式"。在学习目标、学习内容、学习方法、学习时空、学习成果上都可以因人而异、因材而学。由此，放牧心灵,放牧思想,放牧个性。

3. 反思性。自主学习的整个过程中"自与主"须臾而不可离。自己有自己的主张、自己有自己的主意、自己是自己的主心骨。也就说,在学习过程中要时时处处反观自照、躬身自省。钟启泉先生在《课堂研究》中指出,"自主学习"理论的一大特征是"个人反馈的回路——传递实施与结果的信息并把这种信息用于新的适应之中"。学习者的反馈性循环回路有三个循环阶段:"预见阶段"是先行于学习的,是自主准备学习、展开学习过程与内在动机的源泉;"实施阶段"是学习产生并付诸实施的作用过程;"自我内省阶段"是对学习结果的作用过程。这些内省起到预见尔后学习的作用,借以完成自我调控周期。通过反思,把自己的实施用标准(目标)来衡量,对整个学习过程进行"自我判断"从而产生"自我反应",由此,据自我满足反应或厌恶反应来对整个学习过程进行有效调整。可以说,反思出自主,反思出智慧,反思出素养。

【案例】余文森教授在讲解课堂教学的理念时曾经讲述过这样一个课堂故事:他曾在某个重点中学进行"指导—自主学习"课题研究实验。有一次他与王永老师一起去听一节数学课。教师按照习惯的方式先认真细致地讲解例题并归纳讲明相关的公式与规律,接着最后一个环节,教师安排全班同学做课后习题,进行练习巩固。所有的同学都埋头做题,只有一位同学还拿着课本,看着,看着,就是不动笔。教师一看,脸上稍有不悦之色,就问道:"你为什么不做练习呢?"这个同学说:"老师,我刚才都听不懂,所以想看懂以后再做。"这位教师一听,有点动气了,恼怒地嘀咕了一声:"我说得那么认真,你都听不懂,你还想自己看懂啊?"然后就往前跨两步,可能觉得意犹未尽,就一个转身,用手指头指着这位学生的鼻梁有点恨恨地说:"你能自己看懂真是一个奇迹!"下课后,这位教师还跟同年段的一位教师讲述课堂的这个小插曲,她说:"你看可笑不可笑,我怎么教他都听不懂,还想自己看懂!真是气死人啊!"

经过两周时间的蹲点听课,校长请余老师作个反馈报告,余老师在不点名的情况下,讲述了这一案例,然后提出,要充分相信学生的自主学习的能力等看法。报告结束,余老师准备走出校门口时,一位年青的教师硬是拖留

105

住了余老师，请他到办公室聊聊。这位老师姓林，是个地理教师兼班主任，他兴奋地说，余老师的报告让他恍然大悟，因为他也一直有这种想法。在交流中，他告诉余老师自己当地理老师和班主任，余老师刚才举的案例虽然不点名，但他知道是发生在他们班上。由于地理课一般一周只有两节课，与学生的接触时间非常少，于是，他费尽心思，想方设法与学生交流。其中，他与学生们约定每天大家都可以以日记的方式和他交流一天中的生活，喜怒哀乐，可长可短，或三言两语或洋洋洒洒，当然他承诺，对于学生们日记中的事是绝对保密的。这次听了这件事，他深有感触，破例让余老师看了一位学生的日记。这位学生日记写着：林老师，今天，我听数学老师讲课，怎么听也听不懂，可是，回家后，我自己认真读了数学书，一会儿就弄明白了，真不知是我的头脑有问题，还是数学老师……

《中国教育报》的一个编辑赵小雅听了这个案例后说，她也是深有同感。确实，学生不是教会的，而是学会的。于是她也说了个自己参加一次研讨会的小故事。有一次她在一个大型的全国性小学数学教学研讨会现场。一位小学数学名师为研讨会上了一节公开课。真的是精彩绝伦！教师的每个环节，每个步骤，每个细节都是精雕细琢，课堂教学进程如行云流水，学生们也是个个对答如流，思路明晰。课后，她有点不相信，就将刚才教师在黑板上出的几道数学题，稍微改动数字，然后请几个上完课的学生来做一做。结果，大家看了看题目，面面相觑，抓耳挠腮的，谁也解答不出来。这就奇了，怪了！她就迷惑不解地追问：“你们刚才不是在课堂上都做得好好的，现在怎么不会了呢？”几个孩子坦率地嚷嚷道：“你真是的，我们在课堂中是老师教会的，现在又没有老师教，我们当然不会啊！”她一听愕然不已。这到底是什么回事呢？听了余文森教授的讲述她才恍然大悟，心领神会了。

四、怎样引导学生自主学习

教育家罗杰斯提出，"当学生选择方向，参与发现自己的学习资源，阐述自己的问题，决定自己的行动路线，自己承担选择后果时，就能在最大程度上从事有意义的学习。"自主学习的过程是教师的教不断转化为学生的学的过程，而不是放任自流让学生自生自灭的过程。也就是自主学习要经历先扶后放、循序渐进的过程。而这一过程则是要根据学生的具体情况，针对不同的学生、不同的学段、不同的学科、不同的学习内容加以调整。

1. 学会自主规划学习目标。学习必须有明确的目标意识，否则必将劳而无功，甚而是南辕北辙。缺乏明晰的教学目标的课堂教学如脱缰的野马，没有方向，漫无边际；如同汪洋大海中迷失航标的小船，随波逐浪，无处归泊。这样的教学必然造成一系列混乱与困惑：知识混乱不堪，未经建构与梳理；情感飘忽不定，难以辨识与表达；价值观念含混不清，紊乱纠杂……教师要引导学生善于规划长期学习的目标、中期学习的目标、短期学习的目标（为什么，如何规划），引导学生根据自己的现有的学习基础（知识水平、能力等）、已经学习的知识基础及当下学习的主要内容这三个要素进行综合考量，拟定学习任务、学习目标。

2. 学会自主确定学习策略与方法。学法对于自主学习来说至关重要，事关学生后续学习与终身发展。英国著名的教育家斯宾塞认为，方法是最重要的知识。学生学习的一个重要使命，就是在学习过程中学会学习，学会学习的方法。教师要引导学生逐渐认识并理解多种多样的学习策略与方法，鼓励学生尝试运用各种各样的学习策略与方法，并在学习过程中体会其优劣得失，洞悉常用的学习策略与方法的适用的具体情境，探寻适合自己的学习方法，不断用科学的学习理论来改善自己的学习策略与方法。陶行知先生说得相当透彻：教学不是教学生，而是教学生学。教学要真正摆脱"差少慢费"高耗低效的局面，在课堂教学中必须有明确的持之以恒的"学法指导"意识与实践。教师在课堂教学中的学法指导不能泛泛而谈，必须具体明确，让学生可触可摸，可感可解，可效可仿。否则，等于纸上谈兵。学习方法的获得不是通过简单的授受所能解决的，而是通过不断地实践训练，在运用相应的学习方法过程中掌握学习方法，即所谓的在学习中学会学习并达到自主学习。在课堂教学评议时，我们要观察与评析教师在上课中是否真正指导"学"法。

3. 学会自主调控学习过程。自主学习是一种自组织、内生的学习，它强调自我规划，自我实施，自我监视，自我调整。苏联赞科夫的教学与发展理论之一就是"让学生理解学习的过程"。即在学习的过程中，不能一味地马不停蹄地埋头苦学，而是要边学边驻足追问：我学会了什么？还有哪些不会的？我的学习方法对不对？我还需要如何学习？自主学习是一种元认知策略，美国的加里·鲍里奇《有效教学方法》称：元认知指的是这样的心理过程，它们可以帮助学生对所学内容通过内化、理解、记忆的思维进行反思。这包括诸如自我提问、自我检测、自我监督等思维的技巧以及记忆的援助手段（记忆术）对所学内容进行归类和回忆。自主学习就是要引导学生掌握元认知策略。而学生掌握元认知策略的最简单的途径是通过被人们称为心理建模的过程，具体包括三个重要步骤：给学生展示有关的推理过程，让学生对推理的过程有明确的意识，集中让学生应用推理的技巧。

4. 学会自主反思学习效果。古希腊著名的哲学家苏格拉底称，未经反思的人生是不值得过的。我们要接着说，未经反思的学习是没有价值的。反思是一种反馈与重组、整合及持续深化学习的过程。缺乏反思、缺乏自主反馈的学习是无法形成深层的、内在的思维及生命体验的。维纳曾说过，一个有效的行为必须通过某种反馈过程来取得信息，从而了解目的是否已经达到。自主反思学习效果，就是要根据拟定的学习目标——对照：我的学习有没有达成目标？如果没有，我要如何补缺补漏？如果有，我还要完成什么目标？

【案例】

《再见了，亲人》学习菜单

（一）学习目标

本篇课文的学习目标类型及层次见下表。

（二）学习内容

1. 学会本课生字词，理解词语的意思，并能用"唯一""深情厚谊"造句。

2. 能有感情地朗读课文。

3. 知道反问句的作用，并能把反问句改成陈述句。

4. 了解作者按几方面安排材料。

5. 感受中朝两国人民的深厚情谊。

6. 知道抗美援朝，了解相应的背景知识。

7. 能在课后找相关的学习资料深入学习拓展。

学习目标类型及层次表

目标类型	目标选择		
	第一层次	第二层次	第三层次
知识	能读准生字"供""挎",会正确书写生字"唯""噩""耗""锁"。	知道"供"是多音字,能正确组词。能正确书写"噩"。	会正确书写、辨析文中的生字。
	会读、会写课后的词语。	能通过查字典、联系上下文正确理解词语的意思。	能用上述词语准确地造句。
	知道课文写了朝鲜人民与中国人民志愿军战士的深情厚谊。	知道课文具体写了朝鲜人民与中国志愿军战士的哪些事。	知道课文具体安排了哪几方面的材料表现朝鲜人民与中国志愿军战士的深情厚谊。
技能	能用普通话正确地读课文。	能正确、流利地朗读课文。	能正确、流利、有感情地朗读课文。
	感受到文章选取了三个典型的人物。	明确作者安排了几个典型人物,具有以点带面的作用。	能说清楚作者为什么要选取三个人物来写。
策略	通过查阅资料初步了解抗美援朝的背景知识。	通过查阅资料感受到美国的残暴,中朝人民的深厚友谊。	能交流有关抗美援朝的故事。
	能通过找重点词句体会中朝人民的深厚情谊。	能联系课文内容进行理解拓展,体会中朝人民的深情厚谊。	在中朝两国人民即将告别时能身临其境地想象说话,感受两国人民的依依惜别之情。
	通过讨论,知道课文采用先劝慰再回忆,最后抒情的写法。	通过朗读、讨论,体会反问句能强烈抒发情感。	能仿造课文写法展开想象仿写中朝人民离别时一段感人的话。

情感	能初步感受到课文写了朝鲜人民与中国志愿军战士的深厚情谊。	能深深感受到朝鲜人民与中国志愿军战士的深厚情谊。	能通过课文的学习增强对朝鲜人民及对祖国的热爱之情。

回音壁:围绕《再见了,亲人》这一主题,你还有哪些感兴趣的内容想和大家一起学习?

(三)学习媒介

1.教师提供帮助:课本、多媒体课件(朝鲜大娘送打糕、救伤员的影片,中朝人民分别的画面等)、相关资料——魏巍的《谁是最可爱的人》。

2.勤学爱动脑的你还想做些什么?(比如请教家长、查阅资料等,需要帮忙的也可找教师,并把它记录下来。)

(四)学习金钥匙

1.这是一篇发生在抗美援朝时期的感人故事,在预习时,你有哪些收获或感受?请你将这些收获记下来与大家分享。

2.如果你在朗读中有不明白的地方可以用笔做个记号,通过查阅资料、请教等方法来解决,还不能解决的问题请在课上提出来,我们共同探讨。

3.在课上,教师还将为大家准备一些相关的影片,相信大家一定会深刻地体会到中朝两国人民的深情厚谊。

4.建议你多读几遍课文,或许你又有新的感受。"金点子征集"——你在学习过程中还有哪些好的建议或想法?

(五)成果展示

1.资料交流展示会。

2.用自己喜欢的形式有感情地朗读喜欢的段落。

3.师生交流讨论会。

4.选择最感兴趣的人物进行写话拓展练习。

也许你有更好的主意,那么跟大家来分享吧!

(六)课外链接

1.找找抗美援朝的有关资料,并对收集的资料进行交流,放在档案袋中。

2.可以找找干休所的老红军,与老红军进行交流座谈。

教师提供相关文章——《谁是最可爱的人》，课外知识拓展欣赏。

(《关注资源、学科与课堂的统整》，余文森、吴刚平、刘良华主编，华东师范大学出版社，2005年8月第1版)

第五节 探究性学习：为核心素养立基

一、探究性学习的意蕴

探究性学习就是在教师的支持与引导下，学习者在一定的学习情境中（可由教师创设）发现问题，提出问题，分析问题，提出假设，并运用相应的资源验证假设，最后得出结论的过程。学习者在不断交织的"质疑、释疑"的过程中获得知识、发展思维、提升素养。

1. 探究、探究性学习是人类的天性。人生来就是一个探索者，探寻人类、自然、社会、宇宙的奥秘，探寻躺在世界背后的秘密，解开难解之谜。但丁有句诗说，爱真理，更爱问题。其实，真理就是问题，问题就是真理，即通过探究真理，解决问题；通过解答问题，探究真理。世界文明的历程就是人类不断地探究、不断地发现、不断地提问、不断地获得答案的过程。

【案例】《用探究打败无聊》（陈赛）

有一次，福尔摩斯捡到一顶躺在大街中央的帽子，经过一番打量，说这顶帽子的主人因为酗酒而毁了自己的前程，他的妻子也不再像以前那样爱恋他了。对福尔摩斯这样的人来说，生活不可能是无聊的。

美国物理学家费曼生前做最后一次癌症手术时，医生告诉他，这次也许撑不过去了。他说："如果是这样，拜托帮我把麻醉解除，让我处于清醒状态。""为什么？""我想知道生命终结时是什么感觉。"有了极度的探究欲，连自身的死亡都可以是一件兴致盎然的事情。

2. 探究、探究性学习是求知的根性。学习不是外在的强加与强迫，而是内在的自动与自觉。凡是没有积极打开心门探寻世界、社会、人生奥秘的人，都不能算是真正的学习者。葆有探究心态的,永远是求知若渴、求知若求爱的,这才是自由的学习,即自灵魂深处流出的热爱,经由学习而拥抱知识与世界。正如罗杰斯所说:我想要谈论的是真正的学习,而不是将无助的个体牢牢地绑在凳子上,再将一些无趣的、枯燥的、毫无价值的、学过就忘的知识灌输到他们的脑子里!我正在谈论真正的学习,这种学习是青少年受永不满足的好奇心驱使,不断去吸收他们看到的、听到的和读到的一切有意义的东西。我谈论的也是真正"学"的学生,这类学生会告诉你:"我正在从外界发现和汲取知识,并将它们变成自身的一部分。"如以下任何方式学习的学习者,都在我的探讨范围内:"不,不,这不是我想要的。""等等,这与我感兴趣的和我想要的有点沾边了。""呀,就是它!这正是我现在所需要的和想了解的。"因探究,知识永远处于被激活的状态,而不是毫无活力的"概念的木乃伊";因探究,大脑永远处于被唤醒的状态,而不是毫无生机的"知识的储存器";因探究,人生永远处于"在路上"的状态,而不是一首坐以待毙的"挽歌"。

【案例】郭思乐在《教育走向生本》中提到:我们似乎可以明确地发现师本教育的运行机制与生本教育的运行机制的区别。前者是橡皮带带动的两个齿轮,教师是大齿轮,学生是小齿轮,连带着转动,我们把那样的方式称为连动式。后者是像开汽车一样,教师给学生钥匙,去开启自身的动力系统,我们把它叫做激发式。一个故事说,一位印第安老人,赚钱后买了一辆汽车,不懂得怎么开,只好雇了匹马来拉它。这位印第安老人当然可笑,他不知道汽车本身有动力,可以用激发它自身动力的办法去开动。也就是说,他沿用的是马拉车的连动式,而不知道开汽车的激发式。而我们沿用的教育方法,其缺点就同印第安老人一样,忽视了人自身的动力,采取了缺少学生主动性的连动方式。

3. 探究性学习与核心素养的培养。探究不仅是以脑、以力,同时更是以心、以志、以神。探究性学习的过程中,其收获的不但是格物致知,而且是格心致志。除了知识之外,还有着能力的锻炼,情感、意志、精神、趣味、人格的磨练。杜威提出:"教育要培养实际有效的态度,加强和发展道德的素质,培育美的鉴赏能力。但是在所有这些事项中,至少要有一种有意识的目的，亦即要有一个思想的因素。否则，实际的活动便是机械的，因循守旧的，道德也要流为轻率的和独断的，美的欣赏就会成为感情的冲动……教育在理智方面的任务是形成清醒的，细心的，透彻的思维习惯。"

二、探究性学习的特征

1. 问题性。知识源于问题，没有问题就没有探究、没有真理。学习源于问题，没有百思不得其解的"问题"，就没有"认知冲突"，也就没有"沉迷其中，一睹为快，一解为乐"的内在的学习动力。探究的过程就是与问题为敌互相搏杀，与问题为友相互厮磨的过程。问题解决过程就是探究性学习的一个阶段性的过程，这一过程包括：理解和表征问题阶段、寻求答案阶段、执行计划或尝试某种解答阶段、评价结果阶段。以问题始，以问题终，问题终结之日，就是探究学习死亡之时。"知识绝不是固定的，永恒不变的。它既作为一个探究过程的结果，同时又作为另一个探究过程的起点，它始终有待于再考察、再检验、再证实，如同人们始终会遇到新的、不明确的、困难的情境一样。""课堂是生命相遇、心灵相约的场域，是质疑问难的场所，是通过对话探寻真理的地方。"陶行知提出，创造始于问题，有了问题才会思考，有了思考，才有解决问题的方法，才有找到独立思路的可能。因为，问题是学问的奠基，是思想的开启，是成长的命义。

2. 思维性。知识及问题本身就蕴藏着深刻的思维，探究性学习就不断地复原知识生产的思维过程，是不断地复演问题解决的思维过程。可以说，没有思维性就没有知识与问题本身，也就没有探究性学习。教育教学的核心就是思维的训练，正如裴斯泰洛齐先生认为，教学的主要任务不是积累知识，而是发展思维。波利亚指出："学习任何知识的最佳途径是由自己发现，因为这种发现理解最深，也最容易掌握其中的规律、性质和联系。"传统的知识学习相对而言更多地关注知识的获得、结果的探获，对于怎样展开思维来探明知识本身的来龙去脉则是不管不顾，对于思维背景、思维方法、思维策略基本上也是一掠而过，造成了诸多学习者"思维混乱"或"不懂思维"。而探究性学习就是有的放矢地对此进行救失补偏，训练学习者的思维方法，培养其思维能力，在思维过程中获得综合素养的全面提升。

【案例】布鲁纳提出，以发现学习方式掌握的知识更容易提取。他做了一项实验：让一些学生学习30对单词，要求第一组学生把单词记住，以后要复述；而对第二组学生，则要求他们设法将每对单词造成一个句子。结果发现，第一组学生仅能回忆其中的不到50％，而第二组学生能够回忆其中的95％。在这里，第二组学生自己造句，实际上就是自己发现知识，而学生对于亲自参与发现的知识，必然会用某种方式加以组织，这样的知识就易于提取。

3. 过程性。知识是一个动态的过程，学习也是一个动态的过程。任何学习都必须经历过程，没有过程的学习是昙花一现、乍明乍灭，难以持久。钟启泉先生在《教育的发现》中认为：尽管强调探索过程可能意味着学生要面对问题和困惑、挫折和失败，意味着花费很多时间和精力结果却一无所获，但这却是一个人的学习、生存、生长、发展和创造所必须经历的过程，它还生命以真实，还生活以实在。只有在过程中知识才能进入个体的整体经验，生生不息地转化为"精神力量"和"生活的智慧"。有意义的浪费，在教育教学中是尤其重要，不可忽略的。每个人的成长之路中存在着必不可少的浪费。探索如果没有经过一波三折，没有经过寻寻觅觅、求求索索，没有热切的期待，没有狂热的追求，没有失败的沮丧，没有转悲为喜的成功，就不能在学生心理与思维中打下深刻的烙印，不可能影响学生内在的思维品质，提升学生的智慧。美国著名的教育家布鲁纳认为，我们教一门科目，并不希望学生成为该科目的一个小型图书馆，而是要他们参与获得知识的过程。学习是一种过程，而不是结果。在布鲁纳看来，学习的过程就是一个探索知识的过程。探究性学习就是强调观察、思考、辨析、验证等学习的过程，知识就在过程的探究中转化为生命的德性、心性、智性及灵性。

三、如何引导学生进行探究性学习

对于如何引导学生进行探究性学习，杜威先生明确提出，教学的要素与思维的要素是相同的。他说："教学法的要素与思维的要素是相同的。这些要素是：第一，学生要有一个真实的经验的情境——要有一个对活动本身感兴趣的连续的活动；第二，在这个情境内部产生一个真实的问题，作为思维的刺激物；第三，他要占有知识资料，从事必要的观察，对付这个问题；第四，他必须负责有条不紊地展开他所想出的解决问题的方法；第五，他要有机会和需要通过应用检验他的观念，使这些观念意义明确，并且让他自己发现它们是否有效。"也就是说，学生的探究性学习要经历问题情境、发现问题、分析问题、提出假设、进行验证的过程。

1. 创设问题情境。情境是学习产生的土壤与温度。脱离了情境如同脱离了土壤与空气，知识会变得枯燥乏味、难以理解、难以接受。情境可赋予知识丰富性、鲜活性、复杂性、趣味性。知识是鱼，那么情境就是大海。缺乏情境的知识，就是涸泽之鱼，缺乏生机与活力，也无法激发思维与心灵的生机与活力。"通过对大脑的想象性技能的研究，其研究结果是清晰的、确凿无误的。当学习者处于问题情境时，他们的脑活动会变得异常活跃。由于困惑和挑战引起了复杂的感官输入，从而导致了神经冲动，并且这个神经冲动激活了大脑的神经细胞，脑细胞的相互作用使神经细胞的'树突'快速增长，所以这时就形成了神经元通路。因此，问题解决也就意味着'智力的增长'。"张华教授指出，核心素养本质上是解决复杂问题的能力，这种能力的培养只能让学生置身在真实的问题情境之中，并亲身经历复杂的问题解决过程。

【案例】有人曾经问德国著名数学家希尔伯特说："你为什么不攻下费马大定理而取得 10 万马克的奖金呢？"希尔伯特说："你为什么要杀死一只会下金蛋的鹅呢？"事实正是如此。17 世纪中叶到今天已 350 年，无数学者为证明这一难题苦苦奋斗，无形中促进了代数数论和算术代数几何学的建立，发展了一系列数学技术。留疑、存疑，常常会有意料之外的收获。

2. 引导发现问题。问题是思维的心脏与脉搏，置身生活和学习情境中，如果没有发现问题的"火眼金睛"，没有跳动着发现问题的"心"，整个学习失去了"开篇"，探究就难以为继、无从入手。所以，引导学生养就发现问题的"灵心慧眼"是至关重要的。正如陶行知先生的诗《问到底》（1924 年）中写道："天地是个闷葫芦，闷葫芦里有妙理。您不问它您怕它，它一被问它怕您。您若愿意问问看，一问直须问到底。"教师最大的使命就是引导学生发现问题，提出问题。伟大的教育家孔子说，未曰如之何，如之何，吾不知其如之何。西方伟大的教育家苏格拉底坚称，"我不承诺教授任何人，我也不教任何人"。他坚决主张他的作用只是充当"一位发问者"。柏拉图经常赞誉苏格拉底说："这个教育者通常都让他的听众变得比听他讲课之前更加困惑。"杜威认为"思维起于疑难"，"就是说人在生活中遭遇难题而从事解决，才进行思维，不是为思维而思维"，"教学法的因素和思维的因素是相同的"。引导学生发现问题的关键在于，引导其发现"不一致"。

3. 引导提出问题。提出问题，不是简单地用上了问号就功德圆满，而是要辨析什么是真问题，什么是假问题；什么问题有价值。在气氛上要引导学生自由发问，无拘无束、想问就问。而在确定探究课题时，则要对此进行"审问、慎思、明辨"。追问"问题"是不是有助于对自然、社会、人生的真实的探究？是不是有助于对当下学习的拓展与深化？是不是有助于引爆学生的思路，激发多向思维、批判思维、创造思维？是不是有助于教材核心内容、核心思想的掌握？是不是有助于学生核心素养的发展与提升？

【案例】在教学《草原》（五年级下册）第一自然段时，教师引导学生品味草原的无限风光。学生都沉浸在草原的美景之中，有位学生提出疑问：为什么老舍先生刚到草原时的心情是很激动的，后来变得比较低沉一些？是否越玩越不高兴？另一位学生说："从哪里可以看出？"那位学生解释说："开头他的心情是'使我总想高歌一曲，表示我满心的愉快'可是等欣赏了草地、牛羊之后，就变成了'低吟一道奇丽的小诗'。"学生们都不由自主地说了声："对啊，我们怎么都没读出来！"教师表扬道："这位同学真会提问题，那么老舍先生对于草原是不是刚看时新鲜，再看时心情打蔫？请大家再细读品味并加以讨论。"结果，有些学生指出，第一自然段先是写出老舍的兴奋、激动，接着是写出他的赞叹，最后则写出了他的沉醉、陶醉。大家深以为然，接着有位同学又提出一个问题："那他为什么这样写呢？为什么不都是写兴高采烈呢？"学生们讨论后领悟到，喜爱、高兴的表现形态是多种多样的，程度也是强弱不一的，其实老舍写出了丰富的心情变化，也表现出了感情由外而内的深沉与浓郁的过程。

4. 引导分析问题。加拿大著名的教育家迈克·富兰认为，问题是我们的朋友，因为我们只有深入到问题之中，才能够提出创造性的解决办法。

提出有价值的问题是思维的第一步，疑之端，是思之始。如果不继续对"问题"进行条分缕析、寻根究底，我们就陷入问题的重重包围，使思维艰于呼吸，不得动弹。对问题的分析是至关重要的。分析问题，就是要分析对于这个问题原先的认识到达什么程度，原先认识解决了问题的哪些方面，还有哪些方面还未解决，这个问题涉及哪些领域的知识……分析问题就是要分析问题的主要矛盾、分析问题的各要素之间的关系。

5. 引导提出假设：对于探究过程中的"假设"，很多人基本上是熟视无睹，以为灵光一闪自然而然地就有了"假设"；以为假设可以为所欲为、随心所欲，甚至荒诞不经。例如钟启泉教授举了一个例子，某地一位中学生居然提出一个假设："青蛙的眼睛长在腿上"，并且不听教师的劝告一意孤行地展开了他所谓的"研究"。他斩去了青蛙的一条腿，青蛙极力挣扎着逃离了，再斩去第二、第三条腿，直至把青蛙的四条腿全部斩去，青蛙再也动弹不得了，以此证明他的"假设"是"真"的。钟启泉教授分析，上述"假设"违反了理论准则（专业性）、逻辑性、应用性和伦理性。

提出假设一般而言是提出一个观点，在此基础上分析可能是哪些因素决定与制约着这一观点的成立或不成立，接着是运用排除法对罗列出来的可能性进行再次分析推理，或以常识、或以理论、或以事实、或以资料、或以实证等方式进行验证。

【案例】有一个学生很有意思，他有个题目是：鸡为什么不会游泳？他查了很多书，很多书都说鸡之所以不会游泳是因为鸡的爪子同鸭和鹅不一样，鹅与鸭的爪子是连起来的，形成一个蹼。这个孩子对这个结论有怀疑。他的家长很支持，帮他买了一只鸡。然后他和妈妈一起到池塘边上，怕那只鸡淹死，在鸡腿上绑了一根绳，然后把鸡扔到水里。扔到水里后小朋友发现，开始的时候鸡会扑腾，会挣扎，也会游几下的，所以说鸡不是不会游泳，开始是会游几下的，后来才慢慢沉下去了。他把鸡捞上来，发现原来鸡的羽毛同鸭和鹅的羽毛不一样，鸭和鹅的羽毛是防水的，鸡的羽毛是不防水的。我们说的落汤鸡指的就是这个，它的羽毛全都湿了，很重很重，导致身体扛不住了，就沉下去了。于是他写了一篇作文，很好的文章。原来我们以为中国学生不会写，其实中国的学生问题在于不做，做起来并不一定比国外学生差。

6. 引导进行验证。胡适先生倡导"大胆假设，小心求证"。学习过程中的任何假设都需要进行研究验证。汉代学者王充在《论衡·奇怪》中说道："言之有头足，故人信其说；明事以验证，故人然其文。"（意指说话说得有头有尾，人们就会相信他们的说法；写文章时摆出事实来验证，人们就会相信他们的文字。）验之于理、验之于事，证之于思，证之于真。要通过对"假设"与"猜想"进行分析并以各种各样的方法进行验证，即在观察、阅读、行动、思考的过程中收集大量的资料与信息，进行探究。如陶行知先生所说的，"我们有了丰富的材料，便可以源源本本地彻头彻尾地来研究它个明明白白，才能够真正理解这个问题的症结所在，才能够'迎刃而解'，才能够收得'水到渠成'的效力"。教师要引导学生通过分析、综合、判断、推理等活动及方法来探寻：假设与结果是否相吻合？是什么因素在真正地发挥作用与影响？这些要素与结果之间存在着怎样的关系？从验证的结果来看，我们可以得出怎样的结论？验证的过程，就是在培养学生洞幽察微的观察力、旁搜远绍的信息力、环环相扣的逻辑性、灵动开阔的思维力、共享共进的合作力——这一验证过程是一种探求奥秘的激越与兴奋，是曲折回环的艰辛与欣喜，是持之以恒的毅力与心性。

【案例】 以下是钱梦龙执教《故乡》的一段教学实录。

生：闰土为什么要把碗碟埋在灰堆里？

师：闰土把碗碟埋在灰堆里，这是谁说的？

生（齐）：杨二嫂！

师：那么，究竟是不是闰土埋的呢？

生：不是的。

师：为什么？说话要有根据。

生：杨二嫂挖出埋在灰堆里的碗碟后，就自以为很有功劳，拿走了"我"家的狗气杀，这就是杨二嫂说谎的目的。

生：可能是"我"埋的，以便暗暗地让闰土得到许多碗碟。

师：哦，原来是这样啊！

（众笑）

生：如果说是闰土埋的，杨二嫂怎么会知道呢？

师：这里有个问题，闰土会偷拿东西吗？

生（齐）：不会！

师：为什么？

生："母亲对我说，凡是不必搬走的东西，尽可以送他，可以听他自己去拣择。"这样，闰土尽可以明着拿，根本用不着偷拿。

师：有道理！有说服力！我都被你说服了。我们解决问题，都应该到书中去找根据。那么，谁埋的呢？

生（齐）：杨二嫂！

师：为什么？要以文为证。

生：不知道是谁埋的。

师：对，就是不知道。这个是"历史的悬案"。但有一点是可以肯定的，杨二嫂以这个为理由拿走了狗气杀。这样写是为了说明什么呢？

生：杨二嫂贪小便宜。

师：这个问题大家解决得很好，我特别高兴。我曾经看到杂志上也议论过这个问题，结论是闰土是决不会偷埋的，理由呢，跟我们这位同学所说的完全一样。这位同学如果写了文章，也可以在杂志上发表了嘛！（生大笑）

学生在讨论"碗碟究竟是谁偷埋的"这个"悬案"时，很可能会变成漫无边际、毫无根据的胡猜乱测，因此我一再要求学生"说话要有根据"，要"以文为证"，让学生从课文中寻找推测的依据，这就把学生"脱缰"的思维拉到了对文本语言的解读上，最后求得了圆满的答案。

课程专家多尔在《后现代课程观》中提出，观点不是完全地出现也不是逻辑地统合在一个界定好的系统里；它们是从"未经探索的联系"之中，从"半遮半掩"和"半透露的可能性"之中"逐渐地创造出来的"。在这一"发酵"的过程之中存在着予以现实化和进行创造的可能性。教育的过程像生活的过程一样必须致力于指导这一激发，而不是强加一种预定的和没有意义的模式，这样的强加只会使过程变得贫乏。

【案例】《文章标题的教学价值探微》（童志国）

在教学海明威《老人与海》一文时，有学生提出了一个很有价值的问题：桑地亚哥三天两夜搏斗的对象是大马林；归航的途中，为了保护大马林鱼不被鲨鱼攻击，老人又与鲨鱼搏斗。大马林鱼和鲨鱼都是鱼，小说写的是老渔夫与鱼之间的搏斗，表现的是人与鱼之间的关系。为什么小说不叫"老人与鱼"，而叫"老人与海"？笔者指导学生从大马林鱼、鲨鱼以及海的象征意义上去思考，结果发现《老人与海》的标题意蕴丰富：把大海描写成女性，外表温柔的她，却有着无穷的、强大的力量。她有着闻所未闻的大马林鱼，有着凶残贪婪的大鲨鱼。她是如此的深不可测，而这才是真正意义上的海，也真正显示了具有柔软外表却内心坚强的才是"真正的硬汉"，显示了外在柔弱谦卑内心却拥有非凡毅力和奋斗精神的才是"真正的硬汉"。而这些意蕴是标题"老人与鱼"无法达成的。

【案例】改进酒精灯的加热效能

1. 课题来源：酒精灯是实验室必备设施。在初二物理实验中有学生发现"酒精灯火焰小、温度不高，易闪动"的问题，于是向教师提出"改进酒精灯的加热效能"的课题。教师欣然支持学生这一提议，建议该学生邀请几位同学共同参与，并表示自己接受担任指导的聘请。

2. 小组讨论研究方案的预设。

（1）找到酒精灯热效不高的原因；

（2）找到提高酒精灯热效的知识根源；

（3）设计几种提高酒精灯热效的装置；

（4）设计实验数据的收集表；

（5）小组成员分工；

（6）报告的撰写和总结。

3. 请教师帮助研究预设方案的可行性和提供有关资料。

教师在充分肯定方案合理性的基础上，提供了有关提高酒精灯燃烧热效的资料，同时建议小组同学观察煤气灶、煤气灯或火炉上的拔气筒，从中进行联想开拓改进装置的思路。教师还特别指出小组同学提出在酒精灯上加玻璃罩的不可行的道理，预先排除了实验可能出现的不安全因素。

4. 按预设方案课题小组利用课余时间进行研究活动。

由于此课题的症结在于如何提高酒精灯燃烧时的汽化程度，小组同学在易拉罐外壳钻小孔，然后罩在酒精灯上，取得了一定效果。于是小组同学欣喜地提出了《改进酒精灯的加热效能》的报告，请教师评价。

5. 在教师指导下继续研究。

教师热情肯定了小组同学的报告，同时提出报告显得粗糙：金属安装不稳的问题需解决；金属罩小孔的直径以多大为佳，小孔的间距、行距、开孔高度如何处理最好，报告尚未说明。对教师的建议，小组同学中有的感到麻烦："说明白了道理就可以了，为什么要做得像真事似的。"针对这一态度，小组就要不要按教师的建议继续做下去展开讨论。虽然取得了一致，但不想做下去的同学的态度没有以前积极。教师找这个同学谈心，最后，小组比较完整地结束了这个课题的学习。

6. 成果展示的评价。

小组同学向全班报告课题研究性学习结果时，除了谈到学到了提高热效能的有关知识，还特别总结了以下几方面：

（1）对探究事物效率的体会；

（2）对于不满足于初步成效，追求"不可能"的体会；

（3）对教师作为指导者，参与者的体会；

（4）对"留心观察可供研究的问题很多"的体会；

（5）对团结合作的体会。

（选自云南省教育厅编《研究性学习解读与实施》）

第六节　共同体学习：为核心素养立心

一、共同体学习的意义何在

共同体学习，指的是学习者以"成长"为目标在彼此关怀与成全的环境下，共同学习，互相促进，使每一个生命个体都在团队中获得全方位的、整体性的成长。佐藤学先生认为，共同体的学校（学习）具有公共性、民主性及卓越性等特征。在笔者看来，共同体学习是一种更为积极与开阔的合作学习。

合作是人类的特性与智性。从人类社会发展史来看，正是通过合作的力量，人才真正成为"万物的灵长"与"宇宙的精华"。以色列著名的未来学家尤瓦尔·赫拉利在《人类简史》中提出，虽然一群蚂蚁和蜜蜂也会合作，但方式死板，而且其实只限近亲。至于狼或黑猩猩的合作方式，虽然已经比蚂蚁灵活许多，但仍然只能和少数其他十分熟悉的个体合作。智人的合作则是不仅灵活，而且能和无数陌生人合作。正因如此，才会是智人统治世界，蚂蚁只能吃我们的剩饭，而黑猩猩则被关在动物园和实验室里。

从未来社会发展的需要来看，社会生活及科技发展不断走向"万物互联"的存在，任何与世隔绝、与人隔绝的"单打独斗""单兵作战"，都只能是"徒劳无功"甚至是"自取灭亡"。随着科技发达、交通快捷的发展，未来社会将是一个跨地域、跨国界的"地球村"，人与人之间的交往与合作能力将成为重要的素养。联合国教科文组织发布的一份新的研究报告《反思教育：向"全球共同利益"的理念转变？》中提出，未来的教育是培养拥有"全球共同利益"理念的人，那么能实现"全球共同利益"的重要的因素就是合作能力与素养。

从学习的本质来看，合作交往即是学习的目的之一，同时学习的过程也是合作交往互动的过程。孔子曰，三人行，必有我师焉。学习是互学互师的过程。佐藤学先生提出，所谓"学习"是同客观世界对话（文化性实践）、同他人对话（社会性实践）、同自我对话（反思性实践）三位一体的活动。我们通过同他人的合作，同多样的思想碰撞，实现同客体（教材）的新的相遇与对话，从而产生并雕琢自己的思想。从这个意义上说，学习原本就是合作性的，原本就是基于同他人合作的"冲刺与挑战的学习"。

从个体生命成长来看，个体成长如果离开了集体，离开了他人，就无法真正成人。人的"成人"是以"人"成之，是在"人"中长成的，是在与他人的相互交流、互动、合作、影响、作用中不断地成长，不断地建构。巴赫金说得好："一个意识无法自给自足，无法生存，仅仅为了他人，通过他人，在他人的帮助下才展示自我，认识自我，保持自我。最重要的构建自我意识的行动，是确定对他人意识（你）的关系。"要建设一个人的精神世界与心灵高度，唯有通过共同体间的相互打磨与修炼才可以达成。

从学校教育教学的现状来看，合作精神至今仍被漠视与摧毁。表面上大家都在倡导与教导学生"善于合作"，实际上很多活动与细节都是旗帜鲜明的"反合作"。不少学生被熏染成"只讲竞争，不求合作"的"斗争狂人"。学校及学生的"合作"精神极度稀缺，关于"关怀"等人性的培育也是"空中楼阁"，这与教育的主旨、成长的本义大相背离，令人痛心疾首。基于此，我们要从培植"合作"精神入手，植立"关怀"文化，培育健康美好的爱与温暖的人性。

学习共同体的学习，是一种同情的学习，一种关怀的学习，一种智慧共享的学习，一种相互砥砺的学习。这种学习是经由积极的"心流"加温的，能不断生长素养。

【案例】《道德课堂在亦师亦友的氛围中生成》（刘利霞）

指导学生学习人教版二年级语文《谁和谁好？》这首儿歌时，当学生自主读过几遍儿歌、解决朗读障碍之后，我问："谁和我好？"学生都举起了小手。我说："和老师是好朋友的就和我一起来读！"学生都很兴奋，大声地展示着自己。接着我又问大家："你跟谁好？"学生一个个站起来说："我跟陈冰弦好。""我跟牛佳雨好。""我跟……"其间，我还有意安排这些好朋友在一起朗读儿歌。学生的兴致全被调动起来后，我又说："我们班有46个同学，你们一定都有许多朋友。现在你可以离开座位，到你的朋友那里去读书。"此时此刻，大家更兴奋了。他们三五成群地读着课文，教室里充满朗朗书声。但我突然发现有几个孩子坐在自己的座位上没动，我便用眼神鼓励他们。当我们两眼相遇时，他们几乎都要掉眼泪了。这时，一些灵敏的学生看出了这几个同学的"孤独"，主动和他们交了朋友。临了，学生说：老师，我读了五组，我读了三组……

二、共同体学习的特点为何

学习共同体就是围绕着促进团队成员共同成长的目标而互相依赖，努力地互相促进、责任共担、共享荣誉。

1. 共有目标

共同体学习使学习者拥有共同的目标，这一目标最本质的是所有的成员都要认同"立人立己，成人达己"，也就是说所有的人都要以"在成人中成己"为己任。在帮助和促进他人的成长的过程中不断地促进自己的成长，将自己铸造成器。在此前提下，成员之间当前的学习目标与任务也是共同的。

2. 共同努力

学习共同体的具体的学习目标与任务如一节课的学习目标是大家共同努力才能达成的，学习的资料往往也是共同努力才能获得更丰富，只有每一位成员努力学习，才能更好地共同完成学习目标，才能让学习目标增值。

3. 共担责任

一般来说，共同体中的每个成员都要担任不同的角色，承担不同的责任，共同促进共同体学习的真正发生。学习共同体内每个成员有成长自己并促进他人成长的责任，有努力使学习目标完成得更好并促进他人更好地完成学习目标的责任。

4. 共享荣誉

共同体学习要产生积极的互赖关系，让成员感到大家是浮沉与共、休戚相关的共同体。根据格拉塞等人的研究，小组成员要能感受到自己能够对这个小组的成功施加影响，对小组有独特的贡献。这样，每个成员就会有着深刻的"价值感"与"荣誉感"，学习成果就会成为每个成员共同智慧的结晶。

【案例】这是一堂美国中学历史课，课的内容是"二战"后期美国投放两颗原子弹轰炸日本本土的教学。美国的课堂教学组织形式以小组合作学习为主。课堂上，美国教师没有像我们的课堂那样讲授这一历史事件的背景、过程及其重大历史意义，而是让学生分组讨论、轮流发言。每个小组的立场不同、看法各异。有的站在人道立场，认为这样做太残忍，和日本军国主义的野蛮无异；有的站在美国立场，认为这是战争中成本最低、人员牺牲最少的好办法；有的站在日本的立场，认为投放原子弹对日本带来长期危害，伤及无辜平民；还有的站在中国立场，认为这是对日本的应有惩罚，让他们也尝尝被侵略、蹂躏的感受……小组发言后，各组还站在各自立场进行了激烈辩论，进一步阐述理由。教师只在课堂最后几分钟作总结：第一，大家准备得很好，这节课很有意思，很成功，每个组都能得到 A（满分）；第二，大家都看到了，每个历史事件都有不同的解释角度，都有不同的利益相关方——历史正是这样；第三，大家唯一的共识是，日本很多无辜的民众至今仍在被核武器的后遗症所伤害。

三、共同体学习要如何开展

1. 倡导构建润泽的课堂

佐藤学先生提倡创造润泽的教室。在润泽的教室里，大家安心地、轻松自如地构筑着人与人之间的关系，构筑着一种基本的信赖关系，在这种关系中，即使耸耸肩膀，拿不出自己的意见来，每个人的存在也能够得到大家自觉的尊重，得到承认。"润泽"这个词表示的是湿润程度，也可以说它表示了那种安心的、无拘无束的、轻柔滋润肌肤的感觉。"润泽的教室"给人的感觉是教室里的每个人的呼吸和节律都是那么的柔和。

美好的气氛就是支持"相互交流，相互理解，相互学习"的环境。如同罗杰斯提出的"情感和情绪能自发地表现出来，它们并没有得到详尽的审查或者受到各种各样的胁迫；在这种关系中，深刻的体验——沮丧的和欢欣的能被一一分享；在这种关系中，能冒险地采取新的行为方式，并且不断地加以提高；总而言之，他能接近于被充分理解和充分接受的状态。"

赞科夫先生指出，恐惧心会麻痹人的正常的心理活动：知觉、记忆、思维、言语等。一个学生在正常的状态下能够完全正确地回答问题，而在恐惧的状态下就会惊慌失措，变得愚笨，即使他脑子里有这些知识，他也可能连一句话都说不出，或者说得颠三倒四。一种普遍的现象，如同美国教师雷夫·艾斯奎斯形容的："大多数的教室都被一种东西控制着，那就是'害怕'……教师怕丢脸，怕不受爱戴，怕说话没人听，怕场面失控……学生更害怕，怕挨骂，怕被羞辱，怕在同学面前出丑，怕成绩不好面对父母的盛怒。"雷夫当了 25 年的小学五年级教师，他班里 90% 以上的学生来自贫困家庭（大部分是移民家庭），他们毕业时却高居全美标准化测试 AST 前 5%。学生品行也发生了惊人的变化，长大后纷纷进入哈佛大学、普林斯顿大学、斯坦福大学等名校就读。他的著作《第56号教室的奇迹》第一章第一节写的就是安全感问题:"第56号教室之所以特别,不是因为它拥有什么,而是因为它缺乏了这样一种东西——害怕。"

2. 培植合作小组,建构学习共同体

培植合作精神及合作能力,行之有效的方法就是构建合作学习小组。

其一是小组成员的人数。对于合作学习小组成员的构建,不同的学者、专家及研究人员有不同的看法,如有人提出每个小组6个人为宜,有人提出每个小组4—6个人为宜,有人提出每个小组4个人为宜,而佐藤学先生则提出每个小组2—4人为宜。我们认为,在小组合作学习之初,学生尚未掌握合作的基本技能、方法、技巧,可以2人小组为主,随着合作能力的增强可以适当地增加到4人,同时也要考虑"学习任务"的性质、目的及难度,酌情确定小组人数。

其二是小组成员的结构。一般而言,小组合作强调的是"组间同质,组内异质",也就是小组成员的性别、生活经验、阅读背景、学习能力、认知水平、思维风格、性格特征等等要各不相同,使差异成为互相学习的资源。而佐藤学先生则是强调随机分组及自然分组。我们的看法是,刚开始阶段要进行适当的"异质搭配",随着小组合作学习的深入及小组合作学习任务的差异再进行适当的分组。分组不是固定不变的,而是随着学习的进程及学生的发展情况进行动态分组。

其三是小组成员的分工。刚开始进行小组合作学习时,要让所有成员都有归宿感、责任感、使命感,必须分配角色以确保小组成员的互相依赖。这些角色包括:总结人,负责重述小组的主要结论或答案;检查者,负责保证所有小组成员都能够清楚地说出得出的答案或结论;关系或加工者,负责要求小组成员将现在学习的概念与策略同过去已学习的联系起来;联络员,负责为小组取来所需材料并负责与教师及其他小组进行联络;记录员,负责记录小组的决议并编写小组报告;观察者,负责观察时间、提醒讨论的音量及小组合作的具体情况……这些角色随着合作学习的推进可以自由轮流担任。

面对小组合作学习过程中各种类型学生存在的问题,教师要尝试着做一些思考与调整并教给学生一定的技能。L. A. 巴洛赫著的《合作课堂》给我们提出了如下建议。

在小组合作学习中，对表现不够积极的学生，可采用如下均衡策略：根据学生的优点给他分配角色；将这些学生放在规模比较小的小组中，这样他们就很难掩饰其行为；将大的任务分成有清晰的最后期限和标准的更小的部分；采用要求每个学生都作出贡献的结构；从时间上建立不同的成功标准，这样，这类学生就逐渐增加其参与量，并体验到暂时性的成功；让不积极的学生单独工作。

对表现积极、常占支配地位的学生，可采用如下均衡策略：

让占支配地位的学生做观察者；分配给占支配地位的学生的角色不允许其控制信息、材料或决定小组气氛的时间；将许多占支配地位的学生放在同一个小组；采用要求每个学生都作出贡献的结构。

学生相处的技能如下：以有序的方式进入小组；与小组成员待在一起；压低声音说话；表现出兴趣和参与；对其他成员抱有乐观的态度（不使用伤害他人的语言）；服从示意安静的信号。

……

在学生进行合作学习的过程中，教师不能稳坐钓鱼台，趁着小组合作学习忙里偷闲，而是要耳听八方，眼观六路，明察秋毫，做到观察学情、提供帮助、适当介入并教授合作技能。获得各小组合作学习情况的反馈，为全班交流作准备，具体包括：如何讨论？讨论中遇到什么问题？如何解决？对于学习或讨论的问题获得怎样的认识？还有什么困惑？教师要对合作学习过程中合作有障碍的小组进行引导，扩大、推广各小组合作学习的成果对全班同学的影响。

3. 培植倾听关系

【案例】美国最有影响力的人生导师卡耐基，有一次到一个著名植物学家家里做客，整个晚上植物学家都津津有味地给卡耐基讲各种千奇百怪的植物。而卡耐基呢？听得津津有味，目不转睛，像个特别喜欢听故事的孩子，中间只是偶尔忍不住问一两句。没想到，半夜离开时，植物学家紧握着卡耐基的手，兴奋地对卡耐基说："你是我遇到的最好的谈话专家。"卡耐基一个晚上根本就没有说什么话，只是听，却居然获得了"最好的谈话专家"的美誉！

倾听是一种智慧，它引领生命超越我行我素、自以为是的封闭；倾听是一种境界，它造就涵容万象、兼收并蓄的人生气度；倾听是一种思想，它涵摄着沉思默想、贯通物我的明达。教育中真正的倾听，是一种心灵美好的相互期待与相互唤醒。

教师真实的倾听，不是仅用耳朵在工作，更多的是心的敞开与吸纳，只有心灵才能发现外在肉眼及感官看不到、听不到、摸不到的最珍贵的东西，竖起心灵的耳朵才能抵达言词不断延伸的世界。

我们现实教学中对于倾听还存在一个重大的问题，许多教师浑然不觉，也就是我们倾听的重心基本上是落在发言的学生在说些什么（内容），而不关注学生说话的神态、情绪、态度、心理过程、思维方式（内容背后的东西）。真正的倾听应该是，教师边与每个学生谈话，边倾耳静听每个学生尚未说出的话语，在对话的过程中，竭力以自己的身体语言和情感与学生的身体动作和起伏的情感共振。能在有这样的教师的教室里学习的学生是非常幸福的……

如何培养学生的倾听能力？一方面是教师的率先垂范，以潜移默化的方式影响学生，即以真诚的倾听来引发、引导学生的积极倾听。另一方面，教师在教育教学过程中，要引导学生在学习共同体学会倾听、交流、讨论。

良好的倾听要做到：①学会倾听，在外在表现上，就是要眼神专注地和说话者交流，除了倾听之外，全身没有任何多余动作。同时，对他人的发言以自然的表情及身体语言表示兴趣、赞同、惊讶、兴奋等感受。②不要随意打断他人的发言，听完别人要表达的整段意思之后，认真揣摩，三思而后言。在内在接纳上，要敞开心怀，用自己的善意去理解、体察对方，听出对方的"言外之意，弦外之音"，尤其要感受到说话者的情感及对自己的关切。③倾听要善于抓住发言者的关键词，并借助关键词理解发言的整体意思，有可能的话，可以用自己的话对发言的内容进行概括与浓缩，并可适当地作些记录。④积极响应，指的是关键词的引用与提取，将整段话凝练为一句话或一个关键词，丰富其内容，延伸其思路……倾听同时也是一种对话，就是能赞同其部分观点，并对另一部分提出深入请教或提出自己的疑问及观点。⑤学会欣赏别人的思想观点，在表示赞赏及学习的基础上，借鉴他人的想法做法从而丰富自己的思考与表达，不断地在倾听中改进自己、完善自己。⑥学会倾听，就是要清空自己，以谦虚的心去聆听来自生活中的一切声音。在学习中先做个安静的倾听者，倾听老师、同学的思维、观点和做法，在此基础上消化、吸收，然后如有新的创见再加发表。表达是为了更好地交流与沟通，增进情感，提升共识。

倾听的教育学，就是心灵的教育学，尊重的教育学，细腻的教育学。它意味着舒张全身心的每一感官，调动每一感应神经的细胞，明悉学生的细微举动、言语及变化过程。同时，它让学生之间学会以敏感的心灵来面对与倾听同伴间的心声，深切地倾听自己生命深处发出来的声音。教育教学因倾听而深刻，因倾听而精微，因倾听而温暖……观看可能会置身事外、袖手旁观，而倾听则是浸入其中、全心投入。

4. 建构串联和反刍

让串联成为儿童真正学习的灵魂。"合作学习的教学是由每个个体的互动所形成的意义链和关系链构成的。教材与学生、教材的语言之间，多重的意义之间的联系，儿童与儿童之间以及今天的儿童与昨天的儿童之间，课堂上多元的、多层次的联系如同织物一样编织在一起。"而编织意义之网、心灵之网、智慧之网的核心就在于"串联"。串联不是简单地将这个学生的发言过渡到另一个学生的发言。佐藤学先生则分析不少追求"好的教学"的教师往往通过串联"好的发言"来组织教学，其结果是将儿童的思考区分为"好的"和"不好的"。教师在教学中把教材和儿童串联起来，把一个儿童同其他儿童串联起来，把课堂里学习的知识和社会上其他事件串联起来，把儿童的现在同未来串联起来……

让反刍成为共同体学习中的扎实的"米饭"。在传统的课堂中，我们是以串联"好"的学生的"标准"答案来展开内在的时间的。如此一来，那些不懂的学生，那些暂时无法理解学习内容的学生跟不上课堂的节奏，就自然而然被边缘化了，被日常学习的"前进的步伐"抛弃。课堂沿着思维敏捷、学习能力较快、较强的学生运转，其他学生就渐渐地被忽略，渐渐地沉默与沉沦。基于此，佐藤学先生认为，在教学中教师在"然后怎么样"的意识之中，总是往"向前"倾斜，停下步伐，"反刍"前段的活动，在全班和小组的讨论中"反刍"的活动是寥寥无几的。其结果是，多数儿童被置之不理，只是借助一部分儿童参与来展开教学的居多。创造合作学习的教师与单向灌输教学的教师的差异就在于是否借助"反刍"保障班级全员的学习。为了真正实现我们"因材施教"的课堂理想，课堂必须以"不懂"为基础来进行教学。也就是以"学生的不懂"和"不懂的学生"为学习的起点来展开。"要进行以边缘化儿童为中心的教学就需要教师对每一个学生的尊严有深切体验和共鸣，首要的是教师要有对每一个学生成长的期待与意志。"以"不懂"的儿童为中心来进行教学就是最大程度地捍卫了儿童学习的平等权利。同时，也只有这样才能有创造性的教育。"只有认为每个学生的思考或挫折都是了不起的，并且认真倾听每个儿童的低语或沉默，才能获得教学的立足点。所以，创造性的教师总是能够接受儿童的多样性和教材的发展性。"而这些反刍归结而言，就是要引导儿童不断地回归文本，不断地回归倾听、交流、讨论，不断地回归反思与自我。

【案例】佐藤学在《静悄悄的革命》中写道：那是数年前，我在广岛县的小学三年级教室里观摩语文课教学的事。教材内容是"冬青树"：深夜里，突然响起了熊叫一般的声音，"大叔"叫肚子疼，"豆太"（人名）顿时被惊醒了。尽管他是个夜晚连撒尿都不敢去的胆小的人，却一下子冲出小屋去给大叔请医生去了。教科书上画了一幅豆太闭着眼睛跑下山的插图，教师就此提问以展开教学："豆太是怀着什么样的心情在跑啊？"我当时在听课，正在想"一位有经验的教师怎么会问这样没水平的问题"时，坐在教室边上的一个男孩——手不停地淘气，此前的课都没来上过——大声地发言了："豆太他在叫头疼啊！"这个突如其来没头没脑的回答引起周围学生的反驳："叫头疼的不是豆太，是大叔！""而且大叔也不是叫头疼，是叫肚子疼！"可这男孩却坚持不让步："豆太就是在叫头疼！"

教师也被这个"异常"的回答弄得不知所措，于是问："你这想法从哪儿来的呢？""从哪儿来的？"这一问法真是好极了。组织"交响乐团"的教师正是通过把学生与教科书连接起来并把学生与学生连接起来而展开教学的。"连接性的询问"就有可能在教室里生成出什么来。针对教师的提问，那个男孩回答说："因为书上写着豆太整个身体蹦起来跑出去了。"那一瞬间全教室安静了一下接着就爆发出"真不简单啊"的叫好声和一片欢笑声。其他学生把男孩描绘的情景再"真实"地扩展——夜漆黑漆黑的，豆太和大叔又很穷，住的屋子很小很小。一听到大叔叫肚子疼，豆太一下子从床上跳起来，要不快点去叫医生的话就不行了，所以，他肯定是迷迷糊糊地朝门边猛跑。豆太是"整个身体蹦起来跑出去"的，所以头就碰到门上了。这就是那个男孩描绘的结果。一阵阵欢笑声之后，教师让那个男孩再次注意书上"豆太整个身体蹦起来跑出去了"这句话的意思，相互交谈书上描绘的情景，使教学极有魅力地进行下去。耐心地倾听"异向交往"的话语就能使教学中的交往丰富而深刻地展开，这一教学实例成为了一个典型。

第七节　体验性学习：为核心素养立根

一、什么是体验性学习

要探察什么是体验性学习，首先我们要探寻课程是什么，因为课程的本质中就蕴含着"体验性学习"。课程在许多人看来是教材、计划、活动等等，而在课程发展史上，人们对课程的概念的理解则经历了一个不断深化与拓展的过程：从知识课程转向经验课程，从接受课程转向探究课程，从封闭性课程走向开放性课程，从教的课程转向学的课程等。如同美国课程专家派纳提出的，"课程是一种特别复杂的对话，课程不再是一个产品，而更是一个过程。它已成为一个动词、一种行动、一种社会实践、一种个人意义以及一个公众希望"。日本教育家佐藤学先生在《静悄悄的革命》中分析到，所谓课程，一言以蔽之就是"学习的经验"。在"课程"这一词的英语释义中也有"履历书"的意思。所以，"课程"是"学习的轨迹"，也是"学习的履历"。

综上所述，笔者认为课程是学生的一种生命体验，是学生的学习历程，是学生与历史文化相遇、与社会生活相遇、与他人他物相遇从而实现与自己更好的相遇，诞生更好的自己。这样的课程就如同课程专家们所说的，课程的发展趋势就是倡导"会话""体验""探究"及"多因素整合"。

美国学者古德莱德认为,课程在开发与实施过程中一般是经历了从理想的课程、正式的课程、领悟的课程、运作的课程到经验的课程,即指学生实际体验到的课程。再联系上述课程的含义的理解来看,课程的内在意义就蕴含着"经验""体验""心灵""思想"元素。而体验到底是指什么呢?体验是以身体之,以心验之的意思。体验意味着全身心地投入事物及活动之中,唤醒生命的感知觉、情意综等等,从而获得身心的、内外的舒展与发展。朱小蔓教授认为,体验是主体把自身当作客体,从而获得关于客体的感性信息的一种感知方式。体验方式有两种:一种是心理体验,一种是实践体验。由此,我们认为体验性学习就是基于学生的生活经验,引导学生获得更丰富的、更完满的生活体验,拓展全方位、立体性的资源,创生课程,让学生经历探索、行动、反思、感悟等全过程,从而在做中感、做中想、做中学,做中求进步。体验性学习就是基于生活、基于行动、基于体验,通过探究、感悟、体验,促使生命和谐、健康、自由、全面地发展。

二、体验性学习的特点

1. 指向性。学校开设的一些兴趣小组活动,举行的一些校园文化活动,有时从严格意义上讲无法称其为课程,无法称其为体验性学习,原因何在?就是有活动无体验,或者体验甚浅、甚少,体验虚化、泛化。这主要问题出在,没有明确的体验指向。体验是每个生命个体以自己的知识、生活、心理、情感、思维等全感官拥抱与体悟事物,它是千姿百态、不可预制的。但在体验的指向性上,体验性学习则要有方向与目的意识,否则,就会显得放任自流,无法引导学生获得积极、丰富、良好、深刻的生命体验。泰勒在《课程与教学的基本原理》中提出课程编制的基本原理是要考虑如下问题:①学校应该试图达到什么教育目标?②要提供什么教育经验以便达到这些目标?③如何有效地组织这些教育经验?④我们如何确定这些目标是否达到。体验性学习中,我们也许不需要一个狭隘而死板的目标,但必须内含着清晰的导向意识,即是要指向人性的完满与丰富,指向生命的身心灵的健全发展。

2. 行动性。没有学生生活经验的课程是贫血的，缺乏学生真实体验的学习是苍白无力的。体验性学习把师生的生活经验与生命体验作为根基、根本、根系，如此才能在师生的心田中生根发芽，长叶开花，结果。体验性学习强调在行动、实践、活动中进行学习，学生的心灵、思维是在行动、实践、活动中被激活、焕发出来的，从而得到丰沛的生命滋养。要获得个体的自由和解放，学校课程绝对不能局限于系统化的书本知识，而要关照个体作为具体的活生生的存在的生活经验。

3. 情感性。体验性学习要关注的核心是情感体验。在课程学习活动中，如果没有引发学生情感的投入，情感的激动，心灵的触动，课程就是冷冰冰的机械的素材。"体验是一种带有强烈感情色彩的心理活动，它的出发点是情感，最后的归结点也是情感。"真正的体验性课程，学生的学习过程必然历经丰富复杂的情感体验的磨砺。如发现新知时的好奇与惊异，遇到问题时的困惑与思考，思考时的千曲百折，分析时的纷杂繁乱，初次获得解决假设时的兴奋、不安，推翻一个假设时的矛盾与沮丧，重新确立一个假设方案时的激越与心动……而随着课程的深入，学生的情感体验也是步步深入、愈入愈奇，可谓"十步一楼，百步一阁，移步换景，移景增情"。苏联心理学家瓦西留克说："体验活动的结果总是一种内部的主观的东西——精神平衡、悟性、心平气和、新的宝贵意识等。"

4. 思维性。教育教学活动就是一种思维的运动，即要为思维而教，为思维而学。美国著名的教育家贝斯特强调说："真正的教育就是智慧的训练。""思维也许不是生活中最重要的技能，但对学校来说，却是最重要的；同时，智慧的训练也许不只是学校的职责，但归根结底是学校存在的理由。"体验性学习是触发体验思维的发生、发展、变化、提升、深化的过程的活动，即体验性学习除了引发学生的心动、手动、行动，还要触发学生的脑动，也就是要增强智慧含量。学生在学习过程中，没有感受到智慧的挑战、思维的冲击、思想的撞击，那么，这样的学习仅仅是"无活力的概念"与"味如嚼蜡的劳作"。体验性学习要把缺乏思考的操作及毫无乐趣的劳作转化为一种富有思维能量的创作。进入体验性学习，每位学生都要有这样的感受：面对问题初时的困惑不安，继之冥思苦想，随之心里若明若暗，终之则豁然开朗——经历思维的爬坡与冲浪，经历思维的挣扎与飞扬。

三、体验性学习的作用

体验性学习基于学生个体生命健康、和谐、全面发展，引导学生经历富有教育意义的事物及活动，引发生命与自然、社会、历史、他人及自我的对话，增进知识和技能、习得方法，在心灵及思维深处获得启悟，促进学生手脑心的发展，达致内心的敞亮与智慧的透亮。体验性学习具有如下作用：

1. 弥补授受式教学的不足。授受式教学往往过分抽象，是抽干血肉，抽象僵硬。它往往对理论知识顶礼、对科学世界独尊，对学生生活则冷漠，迫使学生沉浸在各种符号的逻辑演算和知识的被动接受之中；课程缺乏相应的生活意义和生命价值的体现，不能关照学生生活世界，于是课程世界里学生的"失我化"使"人"被隐藏起来。体验性学习则是超越文本，挖掘无限多元与丰富的意蕴：可以用和谐共进的行动、用欢歌笑语的活动、用手脑心一体的策划、用情感与知性、用整个人生来规划、创造、实践。课程学习的意义从简单的纸质文本走向复杂而丰富的学习经历与个性体验，这是教育视域中的一大开拓。

2. 促进知识的动态生成。传统课程将知识当作一种客观的存在物，学生不增不减地学习，知识外在于学生的心灵世界，是与学生身心相隔的异己的存在。体验性学习则强调知识从静止僵化向动态生成发展。课程专家派纳提出，课程不再强调静态的"跑道"，而是强调跑在跑道上的动态过程和跑的经验，它成为一个过程、一种活动，或者如派纳所说的"一种内心的旅行"。体验性学习意味着强调学生学习的经历与体验，倡导的是活性化的知识，让学生在不断的探索与体验中，用心灵与思想去发现知识、创生知识。

3. 促进学生整体素养的发展。余文森教授认为，体验使学习进入生命领域，因为有了体验，知识的学习不再仅仅属于认知、理性范畴，它已扩展到情感、生理和人格等领域，从而使学习过程不仅是知识增长的过程，同时也是身心和人格健全与发展的过程。体验性学习将知、情、意三者整合为一个网络系统，从而促进"整体的人"的发展，并且，"在整体的人之中，知、情、意都呈现为真实生活过程的不同方面"。

四、如何创生体验性学习

佐藤学先生指出,"课程并不是在办公室里或教研室里创造出来的,而是在教室里一天天地慢慢创造出来的"。那么要如何创生与开发体验性课程与体验性学习呢?

1. 基于学生生活,创生体验性学习。真正有意义的、能对学生一生发生影响的教育与课程,必然是回归于生命的根基。教育课程与学习要引导学生关注脚下的土地,认识脚下的土地,眷恋脚下的土地,只有这样,我们才能真正理解我们从何而来,身在何方,心往何处。

当下学生每天所接触的就是和他们身边的世界毫无关联的"纯粹知识",这种与生长环境水米无涉的东西往往与学生的心灵世界格格不入,它们只是一种物理的堆积,无法进行化合作用或产生不了任何光合作用,唯有给心灵带来一些疏离、一些迷惘、一些慌乱、一些陌生……钱理群教授提出,青年一代对生养、培育自己的土地知之甚少,对其所蕴含的深厚文化,对厮守在土地上的人民,在认识、情感、心理上产生疏离感、陌生感,不仅可能"导致民族的精神危机,更是人自身的存在危机"。关注课程的乡土性与本土性显得意义深远。能给生命带来依托与安慰的,一定是立足于脚下的大地,认识自己生活的土地。

【案例】莆田市区的一些学校开发"家乡莆田知多少"体验性课程,充分发挥了家长资源与社会资源,引导学生分专题进行学习探索。有开发"我的城市地图"课程的,让学生分小组规划用一个学期的时间走遍市区的大街小巷,探访莆田市区的风景、古迹、名人、民间艺人,在这一过程中经历亲近自然,融入社会,探察人生的诸多意义。有所学校则是开发妈祖文化研究课程,从研究妈祖的故事、妈祖的工艺作品到妈祖文化的传播、探访湄洲妈祖圣地等一系列活动,引领学生走近妈祖、理解妈祖,引发他们对于人生及"真善美"意义的探求……还有位教师每周用一个下午引导学生画出所在小乡镇的"心灵地图",每周一次组织全班同学到同班同学所在的村落里去探问,到乡村的田野中去观察果树、蔬菜、庄稼的生长,到小山野上去观察野花、野鸟……让学生对自己的生活环境有一个"如家如床"般的熟悉与温暖的感觉。这种带着母亲般温情的体验的课程,是每个人一生都会在心灵深处回响的旋律。

2. 基于社会及学生成长问题,创生体验性学习。我们的课程与学习离社会生活越来越远,离学生的直接体验与亲身感受越来越远,课程变成了外在的去生活化、去实践性的"脖子以上的学习"(罗杰斯语)。钟启泉教授提出,远离学生的生活和社会现实的课程教学所体现的只是单一的生活模式和图景,缺乏生活意义的课程迫使学生在课程实施中戴着面具做痛苦表演,学生没有真实生活的愉悦体验,更没有生活的激情。学生的生活世界被忽视了,学生——一个社会情境中的具体的人变成了一个单纯表演的认知者,从而造成学生生活的"殖民化"。体验性学习要立足于社会及学生成长中的重要问题巧妙创生。

【案例】雷夫的《第56号教室的奇迹》中提到,第56号教室的学生都会在开学的第一天申请一份工作。教师会给学生们工作清单,上面有教室管理员、球具管理人、办公室信差、店员、警官等各种职业,以及工作内容说明。每一份工作的薪资(虚拟)都有少许差异。教室管理员每天都要工作,所以赚的钱要比一周只要工作一两次的人多。孩子们通常可以得到第一或第二志愿的工作。有工作,就有月薪。孩子们把薪水存在银行(班级虚拟银行)。他们必须存钱来支付使用课桌椅的费用:座位越靠前排,费用就越高。孩子们赚外快的方法很多。例如,学生做额外工作或参加管弦乐团,就可以领取奖金。反之,如果他们没做事或偷懒,就会被罚款。学生可以使用班级"支票"和"现金"(教学生如何开立支票)。到了月底,全班会来一场疯狂的拍卖会,竞卖文具用品和礼券。学生必须每月支付座位的"租金"。如果孩子存到的金额为租金的三倍,就可以买下座位,拥有这个位子的"产权"。有些孩子甚至会刻意攒"钱"买下同学的座位,然后每个月向他们"收租"!聪明的学生在购买不动产之际,也开始了解所有权的价值。他们看到同学每个月为了付"租金"东拼西凑,而自己银行账户的存款却越来越多,就开始体会到父母赚钱的辛苦。同样,他们也发现,拥有房地产后就会有多余的钱去参与每月举办的拍卖会，财富越积越多。几个月下来，他们也亲身体验了拥有存款与不动产的种种好处。选择付房租的学生也学到了相同的教训，只不过感觉较为沉重。（这些是让学生在体验性课程中学习一生都派上用场的技能，"整理事物""安排事情的技巧""节省每一分钱""遵守预算，延迟享乐"等等。）

"教育即生活，学校即社会"，体验性课程立足社会的问题及学生成长中的问题，进行思考开掘，就是基于杜威"教育即生长"的理念，由此创造出丰富多彩的活动与学习生活。

3. 基于学科课程的延伸，创生体验性学习。陶行知先生在《生活教育的创立与成长》中谈到，中国的教育太重书本，和生活没有联系。教育不通过生活是没有用的，需要生活的教育，用生活来教育，为生活而教育。创生开发体验性课程，要将生活与课程亲密无间地融会贯通在一起，唯有这样，我们才能塑造完整的、丰富的、和谐的人。基于此，比较有效的方式就是从学科课程出发，让学科知识走向延伸，走向生活，走向体验，与生活相互融通，与体验相互交会。

【案例】复旦附中的黄玉峰老师创生了"游学课程"。黄老师几乎每年都会利用假期带学生开展游学活动。远处，他们去雁荡山追寻过谢灵运的足迹，到宁波拜访过著名的天一阁，到绍兴参观过蔡元培故居和鲁迅笔下的百草园。近处，他们曾去海宁触摸王国维的书斋、徐志摩的老屋；到松江拜谒明末抗清志士夏允彝、夏完淳父子的墓地；在安亭，归有光的私塾、太仓顾炎武的苑囿也都留下了他们师生的脚印。在旅途和景点，黄老师会根据自己多年的教学经验，有意识地对学生进行点拨、引导。学生回到课堂再读这些大家的作品，就会自然而然地产生一种别样的亲切感，对课文的理解和体验也更加到位和深刻。

从学科课程拓展而出的体验性课程，能引导学生从文本世界走向活生生的生命世界，体验知识的来龙去脉，把生命活动和知识生命结合起来。如此学生就可以如郭思乐教授所说的，触类旁通，举一反三，灵活应用，在问题解决中心清似水，"冰雪聪明"。

教育在广义上说，就是精神上的不断丰富、不断更新的过程，无论对受教育者还是教育者来讲，都是这样。体验性课程的开发与建设过程也是这样。

师生以自己的生活作为底色，以自己的生命方向作为导航仪。只有带着鲜明生命色彩的课程，才能化为学生身心发展的有益的营养与生命的滋补。

【案例】《给孩子时间体验学习的全过程（林文虎著〈好老师在这里Ⅱ〉书评）》(常生龙)

我们平时读书看报写作业的纸张是怎样制造出来的？很多人不一定说得清楚。在一所小学，学校给孩子们提供了纸浆、竹帘、烘焙台等必需的用具，孩子们可以利用这些纸浆造出一张宣纸，并且可以用自己造出来的纸进行毛笔书法、拓印等活动，体验纸的应用。我当时非常期待，很想造出一张自己比较满意的纸来，所以很耐心地按照指导教师的要求，一步步地去尝试。我当时就想，如果我们的课堂，都能让孩子们对学习过程和结果充满期待，那该多好啊！不过，上述造纸的学习过程，存在着一个很大的缺陷，那就是一个完整的学习过程被教师大大地简化，简化到只要去动一下手、感受一下就可以的地步。这样的教育虽然会让孩子们有所体验，但这种体验依然是肤浅的，是欠缺感动力道的，是一种快餐式的教育教学过程，不利于学生和他人、和世界的互动，不利于真实的、有生命力的学习活动的形成。

林文虎给我们介绍了这样一次体验教学活动——杜老师给学生上"手抄纸体验学习"课。怎样上好这一体验课呢？杜老师做了以下几方面的工作：课前，杜老师四处寻访名师，自己先学会"手抄纸"的操作技巧，然后依照古法设计课程。学生需要明白这样几件事情：什么树木最适合造纸？哪里能找到这样的树木？古代造纸的全部流程是什么？课堂上，杜老师首先让孩子们明确了"构树"是造纸的好材料，然后大家上山去砍树。但孩子们下不了手，具有环保概念的孩子，担心这样砍树会破坏生态环境。接着，教师引导学生去看果园，了解果农为什么要剪枝。孩子们在调查中明白砍下枝条可以让果树长得更好。之后杜老师带领孩子们取回构树的枝条，除去青色的表皮，刮下白色的内皮备用。他们设法借来石臼，将白色内皮放入，捣碎、浸泡至发酵，研磨成纸浆。仅捣碎树皮这项工作，孩子们就要轮番上阵，每节课下课之后就得排着队一个接一个地上，整整干了一个星期，一个个汗流浃背、腰酸背痛。接下来便是让孩子们自备木条和铁丝网，自己制作抄纸工具，开始抄纸、烘干、裁制。这些过程一点也马虎不得，任何一个环节出错就得重来。就这样，大家用了将近一学期的零碎时间，才完成了每人造出一张纸的体验学习活动。

正是经历了这一过程，孩子们才会打心眼里相信每一项工作真的很辛苦，也看到了纸的可贵价值。杜老师引导孩子们用造好的纸给自己制作了一份最特别的毕业证书。既然要让孩子体验，就要给他充分的时间，让他经历一次学习的全过程。过度精简的教学活动，不能给孩子真实的体验，不仅容易导致学生产生虚假的感受，也容易给孩子们造成一种很多事情都是很简单的、随随便便就能做好的错误印象。"耗时费力"的体验过程，才是体验学习的真正价值所在。

第八节 活动化学习：为核心素养立脑

一、活动化学习的价值何在

活动就是要动，动手、动脚、动口、动眼、动耳、动脑、动心；动就是活，脑活、心活、灵活。人是通过活动走向成长及创造最美好的自己的。传统意义上的教育主静、居静。在教育及生命成长过程中是离不开心灵的安静、宁静，但是一味地静坐不动，往往生气不足、活力不够，其结果往往是培育出"少年老成"甚至是"暮气沉沉"的、"未老先衰"的人来，导致整个民族也缺乏生机与活力。近年来，人们虽然意识到"静坐、静听、静读、静做"的教育及学习方式弊病丛丛，但是，整个教育现状依然笼罩在费尽心思"静坐读书做题"的浓云愁雾之间。杜威先生批判赫尔巴特的三个中心"教师中心、教材中心、课堂中心"依然是固若金汤，难以撼动。面对这一痼疾，杜威则提出了新的三个中心："学生中心、活动中心、经验中心"。

有个西方故事说，一个人问精神病医生，怎么知道是否患精神病？医生说，只要给个简单问题看能否回答就知道了。"那么，请你出个题吧。"医生出的题是：克拉克船长环球航行三次，死于其中一次，问是哪一次？那人想啊想，不好意思地对医生说："我对历史不熟悉，你还是另给一道题好了。"这是一个一离开书本就不能思维的例子。

活动是手脑心的结合点与融会点，知识学习之所以无法沉淀在内心深处，无法活化为生命与素养，就在于没有与心灵、生活共通的连接点。

中国的教育以"静"修为主，认为活动就是不老成、不稳重，浮躁、不成熟，于是，在教育中讲求"静坐""坐学"。中国学生普遍动手能力较弱。

"静"学导致学习者仅仅满足于"口耳之学"，至多是"脖子以上"的学习。全身心的感官及整个生命的性灵无法被打开与唤醒，生命日益干枯、日益僵化、日益贫乏。

静态化的学习，截断了生活与知识的联系，截断了生命与知识的契应，截断了学习与人生的关联。学习成了一种负担与累赘。

正因为如此，著名的教育家陶行知先生提出，中国教育之通病是教用脑的人不用手，不教用手的人用脑，所以一无所能。中国教育革命的对策是使手脑联盟，结果是手与脑的力量都可以大到不可思议。活动化学习便是让人手脑心并用，全身心完全投入学习，从而促进核心素养的提升。

二、活动化学习的内涵特征

活动化学习指的是什么呢？学习者通过全感官的开放，在各种各样的精心预设及开放生成的活动中观察、思考、感悟、检验、证伪、证明，发展思维能力，丰富心灵，促进身心灵的自由全面和谐发展。

活动化学习的类型主要有实践应用、动手操作、表演、游戏等。其主要的特点在于：

1. 实践性

知识及素养是从实践中汲取智慧及源泉，同时也是在实践中生发其意义与魅力。任何脱离实践的学习就是与心灵的隔离、精神的隔绝，这样的学习很难转化为生命的素养。活动化学习就是让知识回归到"活蹦乱跳，会哭会笑"，生机勃勃、热气腾腾的现场中。皮亚杰认为，认识起源于动作，认识是从动作开始的，动作在儿童的智力和认知发展中起着重要的作用。认知结构是逐步建构起来的，它的发生起点是主客体相互作用的唯一一个可能的联结点——活动（动作），而不是知觉。他说，知道一个东西，知道一个事件，不是注视它而形成它的一个心理摹本或意象。知道一个东西就是对它施加动作。他认为婴儿是通过动作，实际摆弄物体而认知世界的。

2. 体验性

没有体验性，知识难以进入生命的核心，体验让知识更有温度与活力。通过身体的接触与心灵的触发，将生命体中的热量与活性渗透并植入知识世界。于是，原本看起来坚硬的、紧裹着的甚至让人觉得冰冷的知识，在"感官化""情感化""心灵化"的过程中，渐次融化、舒展、解冻，并且发光、发热，在此基础上又不断地反哺生命的成长。

3. 思维性

活动是思维的开启。陈鹤琴先生提出，"做"这个原则，是教学的基本原则，一切学习，不论是肌肉的，感觉的，神经的，都要靠"做"。知识如果不能学以致用，它可能成为学以致愚，学以致呆，学以致笨。在知识学习运用中，最便捷、最让人欲罢不能的应该是现学现用、活学活用——即知识应用于当前生活中遇到的难题。在知识的运用中，感受到知识及学习本身的力量，获得确证自我力量的自豪与快乐。生活中的问题可能让学习者为之惶惑不安、为之殚精竭虑，然而常常是不得其门而入，无法化解。而某一知识的引入，不经意间可能是"一石击破万重天"，灵光一闪，一切让人茅塞顿开、豁然开朗。

三、如何进行活动化学习

美国教育家杜威认为，"'从做中学'是教育的基本原则，教学过程应该就是'做'的过程。儿童生来就有一种要做事和要工作的愿望，对活动具有强烈的兴趣，对此要给予特别的重视。'从做中学'也就是'从活动中学''从经验中学'，它使得学校里知识的获得与生活过程中的活动联系了起来"。活动化学习具体而言一般包括如下环节。

1. 共同创设有机的活动情境

美学大师朱光潜先生指出:"人生来好动,好发展,好创造。能动,能发展,能创造,便是顺从自然,便能享受快乐;不动,不发展,不创造,便是摧残生机,便不免感觉烦恼。"其实朱光潜先生要强调的是活动与发展、创造联系在一起,不是盲行盲动。活动化学习,并不是简单地动起来,这种活动有着丰富的内涵:一是蕴含或融化着较为明确的学习任务、目标、内容。二是要有相关的环境与场所。三是整个活动充满趣味与生机活力。四是活动要富有智慧含量。

【案例】杜威在《明日之学校》里介绍了一个班"从做中学"的实例。这个班的课程以建造一所小平房为中心,各科的教学围绕着这个内容展开。动工前,手工课打图样,算术课计算所需要材料和测量房子面积。如果确定这房子将来要住一户农民,算术课就要计算耕地面积、所需要的种子以及收成等。语文课就学有关的词语,作文则描绘这个家庭的生活,评议作文时又形成了修辞课。美术课描绘房子的颜色,表演课演儿童自编的农场生活戏剧。

2. 引导学生全身心投入活动

活动不是外在的身体动作,因为如果是唯要求与指令按部就班、亦步亦趋的活动,缺乏自主的、忘情的、投入的活动,可能是僵硬的、僵化的,毫无深刻反应与认知的机械操作。只有孩子的头脑被点燃,眼睛被点亮,心灵被点染,思想被点爆,活动才会化为建设个体生命与精神的材质,才会化为滋养心灵成长及思想超拔的营养。

"好奇心是人生而就有的特性,它是蒙昧无知的女儿和知识的母亲。当惊奇唤醒我们的心灵时,好奇心总有这样的习惯,每逢见到自然界有某种反常现象时,例如,一颗彗星,一个太阳幻相,一颗正午的星光,就要追问它意味着什么。"因此,在活动化学习过程中,通过情境的外在的感染与吸引,通过思维与问题的内在的挑战触发,通过同伴的交往互动催发,通过鼓励评价与激发引导,教师要引导学生时刻舒展"眼耳口舌身鼻意",在活动中"入乎其内"。夸美纽斯提出,我们强调把一切知识放在感官之前,另一方面我们更要强调把一切感官放在知识与活动之中。

刘铁芳教授认为,对于教育而言,比不停地学习什么更重要的是对学习的爱。学生之为学生的根本不在于他在不停地学习,而是他拥有一颗学习的心，学习以欲求学习为基础……对学习之爱乃是一种力量，是一种凝聚潜在学习力、赋予潜在学习力以显现方向的力量。活动化学习，能动能活，能真正发生其肌理及源泉就在于学生的全情投入、全心参与、全程深入，否则就会流于形式，看似热闹实则肤浅。

【案例】奥地利女作家克里斯蒂娜·涅斯特林格在其著作《狗来了》中描写了狗当代课老师上课的情景。

"你们这儿卖水果和青菜的商店在哪里？"狗问道。

"在村子的另一头。"卡门·安娜说。

"现在我们就到那里去。"狗对学生们说。它这回不再问孩子们是不是愿意这么做了，因为它想：就是问他们自己有什么愿望的话，反正他们也只会张开嘴巴，傻瞪眼的。

那个刚才对成绩单感兴趣的男孩站起来问："到水果和青菜商店去算哪一门课？"

狗回答道："往那里走的路上进行交通教育，买东西时学习消费态度，从那里回学校时上体育课，因为我们要一条腿蹦着走！"

狗领着孩子们从村子里穿过。路上它没能进行很多交通教育，因为村子里没有什么交通。他们只碰到一辆拖拉机开过来，而且是行驶在大路当中的。狗对孩子们讲，开拖拉机的是横冲直撞的笨蛋。它还冲着拖拉机手大喊："靠右边行驶！"

在去水果和青菜商店之前，狗把孩子们领进了储蓄所。它拿出两张一百先令的钞票在那里全换成了五先令的银币。

"我们能换到多少个银币？"狗问孩子们。

"四十个。"一个四年级的男孩子回答道。

"你们一共有多少个孩子？"狗问一个一年级的小姑娘。

"我不知道。"小姑娘说。

"你去数一数。"狗对她叫喊。

小姑娘伸出手指头去数。从一数到二十。

"我们有四十个银币，你们是二十个孩子，那么每个孩子可以得到几个银币？"狗问道。

"二乘二十等于四十。"三年级的一个男孩子叫道。

狗点点头,发给每个孩子两个银币。

然后他们一起走进了水果和青菜商店。那里面摆着三个品种的樱桃:黄色的、淡红色的和紫红色的。狗先在柜台前作了一篇关于樱桃的演讲。它讲到了甜的和酸的樱桃,熟桃、熟透后开始腐烂的和被虫子蛀了的樱桃,喷洒过化学农药的和属于绿色食品的纯天然生长的樱桃。

卖水果的女人很不高兴。"您想贬低我的商品把它们说得一塌糊涂吗?"她疑惑地问。

当狗叫孩子们尝一尝每一种樱桃,以便自己决定买哪一种时,卖水果的女商贩十分恼火。"这样的顾客我宁可不要。"她叫嚷着。

"尊敬的夫人,"狗对卖水果的女人说,"我们不是顾客。我们正在这里上课。"

"在我的店里上课?"女商贩非常惊讶。

"当然了。"狗说,"水果和青菜是生活中必不可少的!这对孩子们非常重要!"

这下子水果和青菜店的女老板没的可说了。她乖乖地给每个孩子称了四分之一公斤的樱桃,收了银币后又找回几个零钱给孩子。狗对孩子们说:"把找回来的零钱好好数一数,因为小孩子很容易受骗上当!"听了这话,卖水果的女人也没发怨言。

出了商店,狗和孩子们都用一条腿蹦着回学校。狗规定两条腿可以轮换着蹦,先用右腿着地蹦十三个,然后再换左腿跳十三下。那一天阳光普照,天气很好,所以回到学校后,狗和孩子们都留在校园的院子里,狗教他们练习吐樱桃核。把樱桃核吐得最远的是四年级的泰森·哥特力伯。他吐的距离达到十二米又十七厘米零三毫米。遗憾的是,孩子们在吐核竞赛中把所有的樱桃都消耗光了,连一颗也没有为算术课剩下。

狗琢磨着,孩子们在储蓄所数过钱,数过人数,平分过钱,乘和除的练习都有了。在商店里买樱桃后他们都计算过找回的零钱;在回学校的路上,两腿交换跳时重复了十三系列的练习;在吐樱桃核比赛中计算精确到了毫米。对一天的算术课来说这些已经足够了!

3. 引导归纳沉淀活动的成果

活动化的学习一方面在活动过程中已经积蓄并绽放着学生的学习成果，如面对学习主题或学习任务时倾其身心的投入观察、思考、感悟、表现，这是属于表现性学习；另一方面在活动过程中还有汲取、丰富、提升的过程，这是属于内涵式学习。以色列著名的未来学家赫拉利在《未来简史》中指出，在中世纪的欧洲，获得知识的主要公式是：知识＝经文×逻辑。科学革命的知识公式则非常不同：知识＝实证数据×数学。但人文主义一个获取伦理知识的新公式出现了：知识＝体验×敏感性，即通过体验获得生命化、心灵化的体验从而化身为人身心融合的内在力量。

在我们的诸多教育教学活动中，不少活动的组织看起来热热闹闹，想起来却空空荡荡的。也有不少活动教师也强调学生的体验，然而，学生们的所思、所感、所悟似乎也不多、不深、不独特。深究其缘由，不外乎学生缺乏体验的敏感力及敏感地捕捉体验的心力。在引导学生进行活动的过程中，教师自始至终要让他们打开感官及心灵通道，使自己处于"入乎其内"与"出乎其外"之间。

在活动化学习过程中如何让学生既能全情"投入"，又能自如"超出"？要引导学生反思自己对于活动的认识、情感、想象、判断、思考等等。

具体做到：①活动前反思。每一次的活动体验必须要"立主脑、明中心"所在，古人云"意者，文之帅也"，感受其情感或意义与价值是活动体验的灵魂与主脑。引导学生清楚为什么而活动，活动过程中要注意观察什么，重要的是要思考什么。②活动中的反思。关注学生活动体验的参与性与敏感性。不能使活动成为某些学生的表演，而大多数学生则是抱着一种于己无关的态度作袖手旁观的"观众"。应最大限度地引导学生用心感受与体验，想其所想，言其所言。引导学生采撷及记录自己在活动中最困难的时刻，最开心或兴奋的事，获得的新的认识、情感反应、思想收获等。③活动后的反思。引导学生围绕活动的目的进行针对性的反思，即：通过活动在知、情、意、行方面收获哪些新的体验？有没有在原有的基础上获得提升与启发？在后续的学习活动中可以做的是哪些？在学生们的活动反思的过程中，要引导他们对此进行提炼、总结，以"日记""评语""感悟""报告""图表"等方式呈现出来，并进行同伴交流互评、教师点评。总之，要引导学生不断地归纳沉淀活动的体验及成果，从而使活动真正活人心智，动人心扉。

【案例】李海林在《美国中小学课堂观察》中提到这样一个案例：比较专制政府、民主政府和无政府行政等三种不同类型的政府的优势和劣势，这是社会研究中的一个模块。我一听，这个课题怎么教啊。我想，第一步他肯定是做分类标准的阐释吧，之后分成三类，而后说说每类有几大特点，我想他肯定这样教。结果却完全出乎我的意料。老师说，今天我们要玩一个游戏。同学们一看玩游戏高兴了，什么游戏呢？"搭纸塔"。这个老师拿出一些纸和胶带，五个小组各分一个，看哪个小组能够在10分钟之内搭出一个又高又牢固的纸塔，别人吹不倒。对于获胜的小组，老师说有重大的奖励。什么奖励呢？这个教师从他的讲台下面一掏：这么大的巧克力！同学们很高兴啊。

这时，教师又提要求了。他对第一组的学生说："你们四个人中他最高，他就是组长，你们三个人要无条件服从他的领导，他让你们怎么搭就怎么搭。听见没有？"然后教师对第二组的学生说："你们这个小组用两分钟的时间先选举一下，看看你们信任谁，一旦你们选出来了组长，那你们要听他的。听明白了没有？"接着，教师对剩下的几个人说："你们是五个人是吧？这样，你们都是组长，你们想怎么搭就怎么搭，想不搭就不搭。明白没有？"

最后教师要求："各个小组搭完以后，要回答我三个问题。第一个问题：你们搭得怎么样？第二个问题：你们在搭纸的过程中遇到了什么困难。第三个问题：你们是如何解决这些困难的。预备——开始。"

记住啊，之后的10分钟里，这个老师什么也不干，外面玩去了。所以我看美国的老师一个星期上25节课，为什么还那么舒服？因为学生干活他休息。回国以后，我对我们的老师说："你们想轻松吗？那就少讲点，搞活动。"

搭完以后，就更有意思啦。没有领头的那几个组最慢，这是一个什么样的症状？无政府。选举产生组长的那一组搭得最好，为什么？因为被选的那个人是他们最信赖的，也是他们认为最聪明的。指定组长的那个组次之。

然后是讨论，学生们开始介绍自己的小组遇到了哪些问题，他们是怎么解决的，学生一边说，教师就一边板书，基本上都是用学生的原话。上完课以后（他们也是45分钟一堂课），教师总结："同学们，这就是专治政府，这就是民主政府,这就是无政府主义政府。Bye。"

【案例】《书上的结论是错误的·"圆锥体积"教学片段》(赵云峰)

(学生的学具有:一个圆柱形容器,三个圆锥形容器,其中一个是与圆柱等底等高,另外两个是等底不等高,等高不等底的。教师为每个小组提供一面盆清水,让学生4人组成一组玩灌水游戏,寻找圆锥体积与圆柱体积的关系)

师:通过刚才的灌水游戏,哪个小组发现圆柱的体积与圆锥的体积有怎样的关系?

生:我们组发现,圆柱的体积是圆锥体积的3倍,或者说圆锥体积是圆柱体积的1/3。

师:还有与这个小组不一样的看法吗?

生:我们小组发现,圆柱的体积应该是与它等底同高的圆锥体积的3倍,或者说圆锥体积应该是与它等底同高的圆柱体积的1/3。

生:我们也这样认为,一定要圆柱圆锥等底等高。

师:你们说得真好!大家从刚才的实验中知道,圆柱的体积应该是与它等底等高的圆锥体积的3倍,或者说圆锥体积应该是与它等底同高的圆柱体积的1/3。如果用字母公式来表示的话,你们说应该怎样写呢?

生:可以用 $V = Sh \div 3$。

生:我认为还可以这样写:$V = \frac{1}{3} Sh$。

师:这个就是我们学习的圆锥体积公式,请大家一起读一遍,记住它。

生(张明):老师,我认为书上这个结论是错的,我从实验中发现的是"圆锥容积应该是与它等底同高的圆柱容积的1/3"。

师:同学们,你们认为刚才张明同学的看法对吗?

生:张明说的有道理,本来我认为老师得出的结论是对的,但经张明这么一说,我也认为这个结论是错的。

师:其他同学呢?

生(异口同声):书上的结论是错的。

师:那这样吧,我们仍以刚才的小组为单位,进一步研究圆锥体积是不是与它等底等高的圆柱体积的1/3。

（此时，学生小组研究，教师参与。在这过程中，有部分小组中的学生请假到外面借实验器材，教师同意。待学生研究完毕，全班交流）

生：通过刚才的实验，我们觉得这个结论是对的。

师：你们通过怎样的实验来证明的呢？

生：我们没有实验，只是通过思考来说明的。

师：那你们来说说是如何说明的。

生：我们是这样想的，刚才在做实验时，将圆锥形容器中的水倒进了与它等底等高的圆柱形容器中，我们倒了3次，正好倒满，实际上我们只要思考圆柱形容器中水的体积与圆锥形容器中水的体积的关系，就会发现，圆锥形容器中的水的体积是与它等底等高的圆柱形容器中的水的体积的1/3。所以我们认为，圆锥体积应该是与它等底同高的圆柱体积的1/3，是正确的。

师：你们这个组运用推理得出了，很有道理，还有哪个小组来说明？

生：我们小组是这样做实验的，将圆锥形容器中的水倒入量筒中，再将与它等底等高的圆柱形容器中的水倒入量筒中，比较发现，圆锥形容器中的水正好是圆柱形容器中的水的1/3，所以我们认为，圆锥体积应该是与它等底同高的圆柱体积的1/3，是正确的。

师：从实验中得出了结论，很有说服力，还有别的思考方法吗？

生：我们小组改用黄沙做实验，在圆锥形容器中放满黄沙，倒入与它等底等高的圆柱形容器中，我们倒了3次正好倒满，说明圆锥形容器中黄沙的体积是与它等底等高的圆柱形容器中黄沙的体积的1/3。所以我们认为，圆锥体积应该是与它等底同高的圆柱体积的1/3，是正确的。

师：你们小组换了一种物体做实验，得出了同样的结论。现在，你们认为，圆锥体积是与它等底等高的圆柱体积的1/3吗？

生（异口同声）：圆锥体积是与它等底等高的圆柱体积的1/3。

师：我们平时在运用公式时，要特别注意不要忘记前面要乘1/3。